玩转天猫 系列宝典

轻松搞定
店铺视觉

天 猫◎编著

清华大学出版社
北 京

序 言 PREFACE

天猫自成立之日起始终以阿里巴巴"让天下没有难做的生意"这一使命作为初心而奋力前行，一路走来，全球商家以及阿里生态系统中的合作伙伴不离不弃、风雨同舟，与天猫一起创造了一个又一个的奇迹，打破了一个又一个的纪录。

今天的天猫已经成为新零售领域中万众瞩目的首选平台。天猫也持续地从商家经营全链路赋能的各个方面完善商业基础设施建设，不断在商家经营生态环境的范畴进行调整、创新、改革。在2016年推出了天猫直播、内容运营、天合计划等一系列的新玩法、新形态及运营策略，为商家"立足天猫平台，玩转阿里生态，赢在全球市场"打下了坚实的基础。

在这个充满变革和挑战的时期，众多天猫商家迫切需要全面且深入地了解平台规则及运营方法论。与此同时，全球商家也正在加速进入天猫这个大家庭。虽然各国生意环境及运营方式存在着多样性，但对于正在快速进入平台的商家，平台期望他们能及时适应平台的商业环境，快速进入常态化的运营，实现业绩的飞跃式增长。

在这一背景下，天猫运营中心编写了"玩转天猫系列宝典"丛书，将从商家需求出发让商家全面了解天猫、认识天猫、玩转天猫；为商家入驻、经营提供全方位运营指导，帮助商家有针对性地制定运营和推广策略，提升运营效能，优化全盘生意。

本丛书包含三个系列共九本，具体如下。

"走进天猫"系列共两本，包含《天猫规则宝典》（电子书）和《天猫工具大全》。《天猫规则宝典》主要围绕开店、运营、续签、退出的各个环节，将天猫经营全链路中涉及的规则、所需资质、流程进行了系统性、全方位的深入解读。《天猫工具大全》则详细解读了天猫商家经营过程中使用的天猫出品的工具产品知识。本系列旨在为帮助商家更快、更好地走进天猫提供规则解读和工具使用查询。

"立足天猫"系列包含《高效打造全能运营》《巧妙玩转精准引流》《轻松搞定店铺视觉》《快速养成金牌客服》四本。分别从运营、流量、视觉、客服四个角度阐述立足天猫需要具备的各种技能，如店铺运营体系如何搭建，如何获得免费流量，推广直通车怎么开，店铺粉丝如何运营，如何运用视觉营销和客服技巧提升转化率和客服体验等，为商家运营天猫店铺提供系统完整的知识，为立足天猫打下坚实的基础。

"赢在天猫"系列包含《全链路运营解析》《营销实战解密》《进阶引流揭秘》三本，既有从商家精细化运营思路角度的深入阐述，也有各类目运营关键点及玩法介绍，更有商家经营过程中的精彩案例深入剖析解读，为店铺进阶提效指明运营方向，提供借鉴参考。

"玩转天猫系列宝典"丛书是天猫为商家提供的一整套平台经营链路玩法指南，将从系统性角度为天猫商家运营提供落地执行全方位的指引。新入驻及入驻时间尚短的商家不仅可以通过本丛书深入浅出地了解到专业的运营知识，更能深切体会到电商团队组建的核心要义。而入驻天猫时间较长、有一定体量的商家则能更好地通过本书梳理团队的运营节奏、玩法，并通过对书中行业有建设性内容的理解，更好地推动企业电商业务在本行业中的迅速发展与崛起。本丛书不仅可以作为天猫商家经营指导丛书，对电商从业者而言更是一套科学的建构电商思维的实用学习手册，将助力电商从业人员迅速构建对电商的体系化认知，夯实电商从业人员的运营知识基础，促进电商从业人员整体电商运营能力提升。另外，本丛书对于电子商务专业的院校学生而言，则摒除了以往电商书籍中空洞的理论知识内容，更多地融入实操性、实战性内容，更好地将理论与实践、学校与社会相衔接，让大学生学有所得、学有所用、学以致用，是一本真材实料干货满满的实践教科书。

天猫作为全球品牌运营主阵地，将充分与商家进行更多深度、生动且良好的合作与互动，不断通过诸如"玩转天猫系列宝典"丛书的赋能方式及商家成长赋能方法论，帮助商家更快速地融入天猫生态体系，从而使商家获得最佳商业收益，并将与商家一道将天猫打造成为全球消费者挚爱的品质购物之城！

靖捷

阿里巴巴集团副总裁

2017年6月

前 言 FOREWORD

大量国内外知名品牌相继入驻天猫，为消费者提供了丰富多样的选择。天猫已融入人们的日常生活中，足不出户就能买遍全球。众多新入驻天猫的品牌商家面临着人才短缺和快速适应天猫的问题。天猫想商家之所想，急商家之所急，策划并出版"玩转天猫系列宝典"丛书，旨在帮助商家提升店铺运营实操能力。

互联网购物，消费者对产品及店铺的了解主要是通过店铺页面的视觉呈现，店铺视觉效果设计能否传达品牌文化和产品特点，将直接影响消费者决定是否下单购买，因此，店铺视觉呈现尤为重要。

为什么知名品牌即使不看品牌Logo，仅仅看到包装或者海报广告图就知道是哪一个品牌?为什么ZARA、三只松鼠、花笙记、阿芙、茵曼等天猫店铺视觉让人一看就有强烈的品牌感？因为这些品牌店铺的视觉无处不在地传达着统一的识别标识、统一的精神象征、统一的价值理念！

视觉的终极目标就是在消费者心中形成强烈的记忆符号！天猫店铺视觉是品牌视觉的一部分，既需要与品牌定位保持一致，又要让电子商务消费者需求与电商店铺运营紧密结合。

本书既阐述了品牌整体视觉定位的要点，又结合数据化视觉分析理念把传统视觉营销概念与电商紧密结合。

第1章介绍视觉营销的概念，并结合天猫店铺视觉优化案例让读者了解视觉对于天猫店铺的重要性和视觉优化要点，了解和掌握工作流程，以及视觉人员的应备素质。

第2章讲述店铺视觉定位，从CIS（企业形象识别系统）的MI（理念识别）、BI（行为识别）、VI（视觉识别）出发，到店铺风格定位，再到摄影脚本及品牌视频、产品视频、活动视频的脚本制定。让读者在做图和做页面之前，有清晰的方向，大大提升工作效率。

本书第3～6章分别从店铺视觉PC端和无线端页面规划、店铺视觉推广图等方向介绍了可落地执行方案和审美标准，以及如何通过数据来验证视觉设计的优劣，让设计师成为真正的电商视觉设计师。

第3章讲述店铺视觉页面，从平销首页设计、活动首页设计，到活动专题页设计、品牌专题页设计、会员专题页设计，再到主图设计与详情页设计，让读者能够系统全面地掌握页面视觉规划与呈现。在展现品牌形象的同时，增加页面停留时间、减少跳失率、提升点击率与转化率。

第4章从无线端消费者的浏览习惯出发，讲解了无线端页面的规划设计思路，以及工具"千人千面""神笔"等应用。

第5章讲述店铺视觉推广图，涉及如何做好活动海报、直通车推广图、钻石展位推广图、淘宝客推广图，它们的构思要点和设计原则分别有哪些，如何更好地呈现，通过该章的学习，这些问题都将一一化解。

数据是检验真理的唯一标准，视觉效果的优劣依然可以通过数据反馈来检验衡量。

所以，第6章——店铺视觉数据，让每一张图是否有点击、点击在哪里，变得可以衡量；让首页、详情页等页面做得好不好，变得有理有据。解决运营与设计师对图片、页面的审美差异和矛盾，因为有数据可依！同时也为页面优化提供了最为科学的优化指导。

本书为"玩转天猫系列宝典"中的"立足天猫"系列的一册，旨在从天猫店铺运营的角度，让读者学习和了解如何整体提升店铺品牌视觉水准，既适合天猫商家及运营人员了解店铺视觉的整体工作流程与策划思路，掌握运营天猫店铺必备的专业知识，更适合店铺视觉工作人员，如何从单一执行的设计师，成长为有运营思维和数据分析能力的设计师，甚至成为品牌视觉总监。

本书由具有一线实操经验的多位店铺视觉及运营人员、淘宝大学认证讲师共同编写，助力电商从业人员及电商专业的学生梳理、搭建视觉知识体系，从店铺视觉实操到案例精辟分析，全面提升读者的视觉水平和电商设计思维能力，从而胜任电商视觉岗位的工作，提升店铺视觉效果。

需要提醒各位读者的是：天猫运营瞬息万变。本书部分内容以及页面截图，可能在读者阅读时已发生变化，但是并不影响对本书核心内容的解读，请读者知悉并谅解。商家后台工具的更新内容请于天猫智库查询了解，网址：https://zhiku.tmall.com/。

（请用手机淘宝、天猫客户端扫码查看）

本书部分图片来自互联网，有出处的均已注明，无法找到出处的图片，如果您发

轻松搞定店铺视觉

现，请及时联系我们，我们将在下一版及时注明或者更正，谢谢理解！

鸣谢

特别鸣谢以下品牌、店铺及公司对本书提供的内容支持：

artmu旗舰店、Bananain蕉内旗舰店、MOLLIFIX旗舰店、TIMELOVER时光情人旗舰店、VAAKAV旗舰店、卡贝科技股份有限公司、韩都衣舍旗舰店、裂帛服饰旗舰店、小狗电器旗舰店、茵曼旗舰店、公牛旗舰店、杭州天羿文化创意有限公司、朵朵可可旗舰店、集云旗舰店、珈柏尔旗舰店、格里森旗舰店、鸣连居家日用专营店、山水集旗舰店、收纳博士官方旗舰店、收纳总动员旗舰店、左都旗舰店、谢馥春旗舰店、归心旗舰店、剑林旗舰店、良品铺子旗舰店、气韵化妆品旗舰店、温莎芭莎旗舰店。

注：以上品牌、店铺、公司排名不分先后。

目 录 CONTENTS

第1章 天猫店铺视觉基础篇

第2章　天猫店铺视觉定位篇

第3章　天猫店铺视觉PC端页面篇

第4章 天猫店铺视觉无线端页面篇

第5章 天猫店铺视觉推广图篇

第6章　天猫店铺视觉数据篇

第1章

天猫店铺视觉
基础篇

天猫店铺链接了品牌与消费者，一个优秀的天猫店铺视觉呈现能够传递、提升品牌形象，激发消费者的购买欲望，建立用户与品牌的信任。如果天猫店铺页面设计不到位，则会影响消费者浏览及购买，从而导致顾客流失，更有甚者会影响品牌在消费者心目中的形象。

一个完整的店铺视觉系统，需要从产品拍摄、页面信息展示、字体、版式、色彩等方面整体规划和设计。想要做好店铺视觉营销，不能仅仅停留在美观的层面，而应该包含品牌VI的数字化延伸应用、产品包装设计和页面视觉体系，本章主要讨论店铺页面视觉体系的部分内容。

本章内容将会从视觉营销的作用、视觉营销对店铺的重要性、视觉营销提升案例、流量入口视觉接触点、店铺视觉后台、视觉相关的工作流程、视觉高压线、店铺视觉设计师应该具备的专业知识来讲解天猫店铺视觉的基础。

1.1　视觉营销的作用

在互联网时代，所有信息的展示都将通过"看到"这个动作进行链接，并在消费者心中形成不同的感知效果。

1.1.1　视觉营销的概念

什么是视觉营销?

视觉营销就通过视觉的冲击和高品质视觉感观提高（潜在的）顾客兴趣，达到产品或服务的推广目的。

视觉是做好营销必不可少的手段之一，营销是最终的目的!

如图1-1所示，你认为在视觉营销中，美观、创意、传达哪个更重要?

您认为视觉营销中什么更重要？

美观　　创意　　传达

图1-1　美观、创意、传达

轻松搞定店铺视觉

天猫

很多初学设计者可能会选择美观或创意。

通过以下案例，你心目中会有更明确的答案，如图1-2所示，是否可以通过图片看出这家店铺是卖什么产品的？

图1-2　创意案例图

大部分人看到这张图片的第一感觉可能会认为这家店铺是卖婴儿服装的。

这张图片的视觉效果并不差，而且很有创意，可以发现设计时用了很多心思，有很多手绘细节，可是却很难第一眼看出这家店铺是卖婴儿床的。

在一张促销图片里，产品应该是第一视觉，正常应该将所卖的产品放大突出，而不是把主卖产品放在一个小角落里。图片文案也要围绕产品核心卖点进行设计，从能够给消费者带来的利益点的角度展开，上图中的"霸气睡姿"太含糊其词，不够直观。如果不点击这个促销图片，很难猜到店铺是卖婴儿床的，如图1-3所示，或许视觉效果上不如图1-2美观有创意，但是却能让消费者直接了解到该产品要传达的意思。

图1-3　婴儿床

所以在设计一张促销海报时，一定要站在营销人的角度考虑消费者最关注什么？消费者关注什么，就将什么内容放大突出。

促销文案应该围绕目标客户的核心痛点或利益点，如图1-4所示。

图1-4 突出利益点

通过上面这张促销海报可以看到：

- 产品突出，一看便知是卖女装的；
- 主题利益点突出，"买2送1"，所有文案的布局都围绕这个利益点；
- 有紧张的氛围，数量+时间限制"10万件0元抢，仅限6.18-6.20"；
- 活动主体和利益点主次排序合理，很多设计师在做类似图片时，将左上角的"6.18粉丝狂欢节"放得很大，而把"买2送1"做得很小，几乎看不到，就会颠倒主次关系；
- 文案布局有轻重缓急，让消费者看起来不累，能够快速读懂表达的内容。

一张有营销意识的促销海报至少要把握三个要点：

- 产品突出，让消费者第一眼就知道你是卖什么的。
- 主题利益点突出，让消费者快速知道你的卖点跟他有什么关系，能够给他带来什么好处；促销的过程就像一次陈述，必须有一个明确的主题，所有的元素都必须围绕着这个主题展开。促销的主题利益点一般是价格、折扣等，在视觉设计时应被当做焦点，重点突出和放大。
- 形式不可大于内容，不能一味追求视觉的美观和创意，而忽略了营销。

如图1-5所示，这张促销海报中的美女、鲜花等装饰性的元素其实和所卖产品并没有多少关联性，而且促销文案太多，主题不明确，这是典型的形式大于内容。

图1-5　形式大于内容

1.1.2　视觉营销对店铺的重要性

视觉营销对店铺的重要性到底有多大？是不是把视觉营销做好了，店铺生意就一定会好？

店铺生意的好坏，跟店铺视觉、产品、品牌、流量、客户、价格等一系列因素相关，相辅相成、缺一不可。但是店铺视觉做好了，一定会为客户的购物体验、购买转化加分。

视觉营销做好了对店铺会产生以下影响：

- 提升整体品牌形象；
- 提升点击率；
- 提升转化率。

1.2　视觉营销提升案例

接下来通过一个案例，深入了解视觉营销的作用。

1.2.1 案例视觉效果分析

1. 案例店铺PC端整体视觉

如图1-6所示。

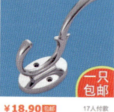

图1-6 案例店铺全网整体视觉

轻松搞定店铺视觉

天猫

以上案例店铺视觉诊断结果为：

全网整体形象不统一，缺乏品牌视觉规范。主要表现在：

- 各个销售渠道视觉呈现各自为营；
- 产品拍摄无统一标准；
- 主图Logo不统一，有的甚至看不清楚；
- 无线端店铺Logo竟然没有放。

2. 案例店铺无线端首页视觉分析

如图1-7所示。

图1-7　案例店铺官方旗舰店无线端视觉标准的首页

单从首屏来看，很难发现这家店铺卖的是什么产品。很多人看了第一张海报还以为是卖镜头的，原本是个活动（让消费者晒一下家庭装修），但是并未传达清楚。

这张案例促销海报图说明了什么问题？

说明该案例店铺在促销图片的选图和文案上没有统一的标准，合格的促销图片应该具备两大核心：一是凸显销售的产品，二是促销文案要清晰，下面展开阐述：

- 产品永远是第一视觉，这是在天猫平台上的图片，必须清楚消费者逛天猫店铺是为了对比选择喜欢的产品，促销图片应该让消费者一眼就能看出店铺是卖什么的，所以要将产品放在最突出的位置；
- 文案一定要突出给予消费者的利益点是什么。想要吸引消费者点击，必须目的明确，如图1-7所示，图片的文案"51那么美，我想晒一晒"，想晒一晒，和消费者有什么关系？这样的文案和消费者关联性不够，很难吸引消费者的注意和点击欲望。

图1-8所示是案例店铺无线端首页的第二屏和第三屏图片。

图1-8　案例店铺官方旗舰店无线端视觉标准的首页

从图中可以看出，当时店铺没有采用统一的设计标准。颜色五颜六色，字体、字号较多较乱，也没有统一的标准。促销图片上没有放品牌Logo。消费者进入这样的页面很难对店铺产生记忆。

在案例店铺无线端首页的第四屏里，如图1-9所示，可以看到还有无效链接的情况出现，这样容易造成消费者不好的体验甚至是流失。

图1-9　无效的链接

以上种种情况说明，该案例店铺在图片上传后缺乏后续的审核监管机制。

总体来说，该案例店铺的问题不只出在视觉端，运营和设计师的配合流程也出了问题。对于该店铺来说，想要提升店铺视觉效果，必须要建立一套完善的视觉标准才能系统地解决现在的问题。

1.2.2　案例店铺视觉优化

该案例店铺经过8个月视觉标准的梳理，再加上该品牌对全国分销商的店铺进行视觉标准的推广，实施一年后该品牌（包括官方旗舰店和分销专卖店）的店铺视觉都发生了较大的变化。

1. 案例店铺全网形象统一

如图1-10所示。

图1-10　有了视觉VI标准的案例店铺全网形象

如图1-10所示，案例店铺有了视觉标准后，全网视觉呈现发生了以下变化：

- 产品摄影形成统一的规范；
- 主图颜色统一，主图就三种颜色；
- 主图Logo大小、位置统一；
- 主图价格标签统一；
- 主图产品布局位置统一。

2. 案例店铺无线端首页优化

案例店铺的无线端首页也发生了很大的变化，如图1-11所示。

图1-11　有了视觉VI标准的案例官方旗舰店的无线端首页

轻松搞定店铺视觉

天猫

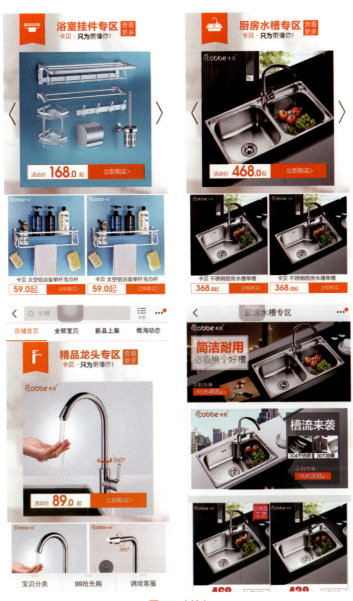

图1-11（续）

有了视觉标准的案例店铺无线端首页发生了以下变化：

- 店招体现了该品牌的整体定位格调；
- 所有的海报图上都放了统一的品牌Logo，这是为了加深品牌在客户心中的印象；
- 产品拍摄建立了规范标准，比如水槽拍摄角度，龙头都朝着同一个方向；
- 页面购物路径逻辑清晰，产品布局重点突出；

- 促销海报产品突出、客户利益突出。

为什么会有这些变化呢？主要是该案例店铺对首页视觉制定了严格的功能划分和细节标准，如图1-12所示。

图1-12　案例店铺无线端首页视觉标准

3. 首页及活动页优化

同时，案例店铺首页、活动页，在平销和大促时，运营、设计师的布局思路很清晰，每个模块的功能作用都做了严格的规范，所以每次做活动时，运营、设计师的配合将更加轻松，如图1-13所示。

有了这样的标准，设计师和运营之间的沟通会非常高效和顺畅。

模块	内容			高度
店招（分流）	品牌形象图——链接到爆款落地页			
系统分类	导航按官方默认框架			
轮播模块 （聚流）	第一张：太空铝毛巾架套装 第二张：全铜花洒套装 第三张：厨房双槽水槽 第四张：厨房不锈钢置物架			
优惠券	优惠券和日常店铺满送			
分类导航 （分流）	爆款专区	浴室挂件	厨房水槽	厨房挂件
	淋浴花洒	龙头系列	地漏角阀	新品专区
爆款专区 （聚流）	第一张：太空铝毛巾架套装			
	第二张：全铜花洒套装			
	第三张：厨房双槽水槽			
	第四张：厨房不锈钢置物架			
	第四张：不锈钢毛巾架套装			
DIY搭配专区 （聚流）	淋浴花洒	水槽单槽		380px～608px
		太空铝毛巾架套装		

图1-13　案例店铺首页规划图

4. 优化前后的案例数据

再看看有了视觉统一标准和之前没有视觉统一标准时的页面数据变化，毕竟视觉做了修改之后，到底是否受消费者的认可，需要通过数据来检验。

优化前2015年8月案例店铺的首页数据，如图1-14所示。

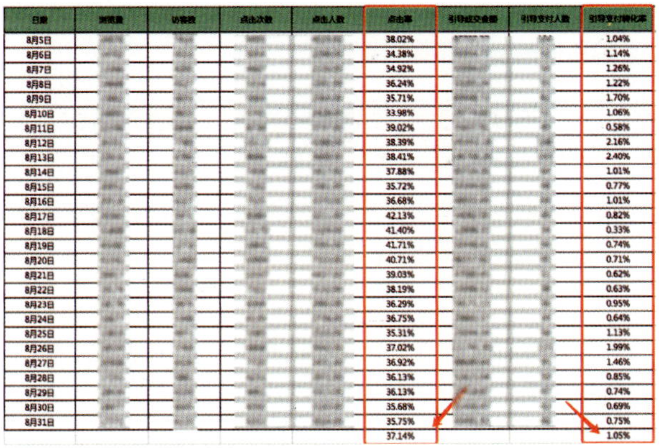

图1-14　案例店铺2015年8月无线端首页数据

考核店铺视觉效果的数据指标非常多，包括点击率、引导支付转化率、访问深度、停留时间、跳失率等等。其中最应该抓住核心的关键指标是点击率和引导支付转化率。这两个数据指标可以通过"生意参谋→经营分析→装修分析"获取。

2015年8月案例店铺官方旗舰店的首页点击率是37.14%，引导支付转化率为1.05%，这两个数据大多数情况下越高越好，每个行业都不一样，没有统一的标准，建议店铺先自己跟自己做同比，看数据是提升还是下降了。

　　通过以上的优化，一年后案例店铺的首页数据，如图1-15所示。

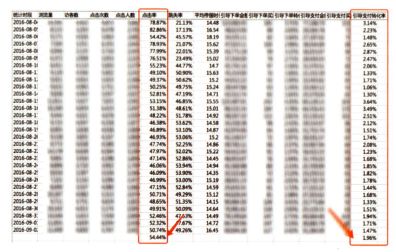

图1-15　案例店铺2016年8月无线端首页数据

　　通过以上数据可以看到，案例店铺的点击率提升到54.44%，引导支付转化率达到了1.96%，点击率增长了近50%，引导支付转化率翻了近两倍。可以说有了不小的进步。

　　案例店铺的数据提升，是通过建立了一系列的视觉标准并且严格按标准执行得到的结果。

5. 关于视觉营销所做的准备和标准梳理

　　案例店铺规划了品牌视觉、产品视觉、营销视觉、视觉相关的工作流程（包括拍摄标准、视觉标准、文件存档标准等等）。为了保证店铺设计师能够深入理解标准的内容，还做了视觉标准测试题，每个应聘设计师、在职设计师、运营都要通过考试才能上岗，在一定程度上保证了视觉标准的执行到位。

　　在这里，读者可能会有所疑惑，为什么运营也要参加视觉的考试。

　　读者必须了解到的是，设计师是运营的合作、支持部门，大部分工作是需要运营部门和设计部门协同才能完成的，本书不仅是设计师提升运营思路和设计能力的指导参书，也是运营人员了解视觉规范和视觉工作流程的必读宝典。所以运营和设计师必须有统一的视觉执行标准，避免方向不统一造成配合不当的问题。

　　有了视觉统一标准和执行流程规范，效果不仅是让数据表现变好，也会提升设计师的工作效率和积极性，更有利于运营和设计师的配合。

轻松搞定店铺视觉

1.3　流量入口的视觉接触点

任何一家天猫店铺，要吸引消费者进入店铺，必须做好所有流量入口对应的每一张图的设计，主要包括：主图、直通车图片、钻石展位等（这部分内容，将在本书的第5章《天猫店铺视觉推广图篇》详细阐述）。这里先简单介绍一下，让大家先有整体的概念。

1.3.1　广告推广图

1. 商品主图

这是在搜索时展示在搜索结果上方代表每个商品形象的图片。它是否吸引眼球直接关系到买家是否愿意点击进店，如图1-16所示。

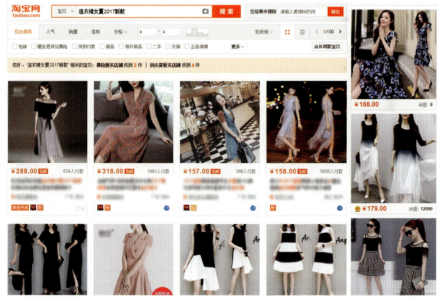

图1-16　主图

2. 直通车推广图

这是天猫店铺在运营过程中选择有效的付费推广方式之一，展示在淘宝网搜索结果页面右侧的12个竖展示位和页面底部的5个展示位，右侧展示1～12位，对应每个推广位的展示图片，如图1-17所示。

图1-17　主图和直通车图右侧展示

直通车图，在页面底部展示13～17位，如图1-18所示。

图1-18　直通车图底部展示

轻松搞定店铺视觉

3. 钻石展位推广图

钻石展位是面向全网精准流量实时竞价的展示推广平台。可展现在淘宝、天猫首页，手机淘宝以及淘宝站外等各大优势媒体，目前大约有600多个资源位，详情可进入钻石展位后台查看。最典型的位置，就是如图1-19所示的淘宝首页焦点图。

图1-19　淘宝首页焦点图

1.3.2　店铺内视觉接触点

1. PC端页面视觉

PC端设备拥有更大的显示屏，因此有更大的页面尺寸能够表达更多的元素，是展示品牌形象的主要战场。任何一家店铺必须做好PC端的页面，这是基础。主要包括：首页、详情页、活动页、品牌故事、VIP等页面。这部分内容，将在本书的第4章进行详细阐述。

2. 无线端页面视觉

无线端页面，由于智能手机和平板电脑的普及。每个人的碎片化时间已经被手机牢牢占据。2016年双十一无线端成交占比82%，可见天猫店铺在无线端成交占比越来越高。

因此天猫店铺必须重视无线端的页面视觉。无线端页面主要包括：首页、详情页、活动页、品牌故事、VIP等页面。这部分内容，将在本书的第5章进行详细阐述。

1.4 天猫店铺视觉后台学习

店铺后台是设计师每天工作的主战场，店铺后台视觉设计功能也是必须要了解掌握的技能。有关智能旺铺装修的具体细节，详见玩转天猫系列宝典中《天猫工具大全》，这里仅做知识的普及介绍。

1.4.1 天猫商家中心后台登录

在浏览器输入tmall.com，单击左上角的"登录"按钮，输入正确的用户和密码，就可以登录后台了，如图1-20所示。

图1-20　点击进入店铺装修

点击进入店铺装修后台后，将会看到目前最新的后台操作界面，如图1-21所示，PC端页面装修和手机端页面装修被整合到一起，一目了然，可以使用的装修模块也非常直观。

图1-21　店铺装修后台

轻松搞定店铺视觉

1.4.2 手机页面装修模块

手机页面装修模块，分为宝贝类、图文类、营销互动类和智能类。

1. 宝贝类

宝贝类，如图1-22所示。

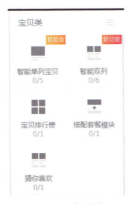

图1-22 宝贝类

- 智能单列宝贝：最多可以添加一个模块，是单个宝贝的展示；
- 智能双列：可以添加模块，最多添加30个模块；
- 宝贝排行榜：最多可以添加一个模块，功能与PC端的"宝贝排行榜"类似，用来展示优势商品；
- 搭配套餐模块：最多可以添加一个模块，使用时要先购买淘宝搭配套餐服务产品，再设置好搭配套餐产品，同步到无线即可；
- 猜你喜欢：最多可以添加一个模块，系统默认根据进入店铺顾客的需求而推荐产品。

2. 图文类

图文类，如图1-23所示。

- 美颜切图：几十种模版可选，可换色、添加热区、去除模块间隙；
- 动图模块：上传普通静态图片，自动生成动图；
- 定向模块：可结合"客户运营平台"进行定向海报的策略设置，定向展现；
- 标题模块：加粗字，可设置链接；
- 文本模块：根据店铺需求，可以设置文字模式，比如公告、最新促销信息；
- 单列图片模块：系统没有限制添加数量，可以插入海报图片；
- 双列图片模块：左右并排的图片；
- 多图模块：最多可以添加两个模块；

- 辅助线模块：分隔内容；
- 轮播图模块：支持尺寸为640×320的轮播图，全屏模式下会自动适配图片尺寸；
- 左文右图模块：系统没有限制添加数量，插入后为左边文字右边图片或者就一张图片；
- 自定义模块：最多可以添加10个模块，自由设计样式，但是模块的高度和宽度被限制了，一个这种格子是76px，横向8格，最小为2×2格。

图1-23　图文类

3. 营销互动类

营销互动类，如图1-24所示。

- 倒计时模块：营造时间紧迫感，激发购买欲望；
- 优惠券模块：刺激消费者的购买；
- 电话模块：最多添加一个模块，买家可以通过点击直接联系到商家，不至于丢失买家；

- 会员卡模块：可结合"客户运营平台"的VIP会员使用；
- 活动组件：最多添加一个模块，当你参加了活动，可以添加这个组件，发布后手机端就会出现这个活动；
- 店铺群聊模块：结合群聊后台设置，方便买家进入群聊。

图1-24　营销互动类

4. 智能类

智能类，如图1-25所示。

图1-25　智能类

- 智能海报：智能版旺铺提供上百套海报模版（也可自定义上传），每次可批量生成上千张海报，并且为买家智能推荐商品；
- 新客热销：智能版旺铺自动圈定新客最喜欢买的商品作为商品库；
- 潜力新品：智能版旺铺自动圈定店铺新品为商品库；
- 新老客模块：最多可以添加一个模块，老顾客会出现何种宝贝，新顾客又会出现何种宝贝，针对不同的顾客智能推荐。

当大家理解了上面每个装修模块的应用，未来在装修自己的店铺时，就能够有的放矢，充分利用好各种模块的功能，设计出更符合消费者需求的页面，从而提升点击率和转化率！

1.5 视觉相关的工作流程

工作流程是指企业内部发生的某项业务，从起始到完成，由多个部门、多个岗位、经多个环节协调及顺序工作共同完成的完整过程。简单地讲，工作流程就是一组输入转化为输出的过程。工作流程是工作效率的源泉。管理学界认为：流程决定效率，流程影响效益。[①]

店铺建立了好的视觉相关工作流程能够使店铺视觉工作良性开展，从而保证店铺视觉工作的高效运转和运营配合度。相反，差的视觉工作流程或没有流程则会问题频出，出现视觉部门、运营部门间职责不清、相互推诿等现象，从而造成资源的浪费和效率的低下。

1.5.1 视觉整体通用流程

店铺视觉工作的本质是根据店铺运营的需要，设计制作所需的页面和广告图，并根据数据反馈优化视觉页面。

1. 天猫店铺整体的视觉工作流程

第一步：店铺视觉定位。

根据品牌定位建立店铺统一的视觉标准和风格调性。

第二步：文案策划。

根据品牌定位及店铺视觉标准，进行包括广告图文案、首页文案、详情页文案、专题页文案、活动页文案等布局策划。

第三步：拍摄角度制定。

基于以上两点，制定产品、视频等拍摄脚本。

第四步：拍摄产品图片及视频。

根据拍摄脚本拍摄符合品牌定位及店铺视觉标准的产品图片和视频。

第五步：页面设计制作。

根据页面布局规划和文案创意，完成店铺页面、商品详情页及推广图页面设计制作。

第六步：页面上线。

根据店铺运营节奏，包括上新节奏、推广时间点、活动时间点上线发布页面。

---

① 来源于智库百科"工作流程定义"词条。

第七步：优化设计。

根据上线后数据反馈情况，优化页面布局及视觉效果。

2. 商品上架流程

实际上为了工作进行更顺畅，需要建立更多、更细致的工作流程与标准，通常包含：

- 广告素材文案撰写、调整、优化流程；
- 商品文案撰写流程；
- 商品图片拍摄流程；
- 商品图片切片上传流程等。

实际上这些流程要结合企业的组织架构和团队人数来制定，比如宝贝上架流程，是一个需要跨职能部门共同协作才能很好完成的工作，如图1-26所示。

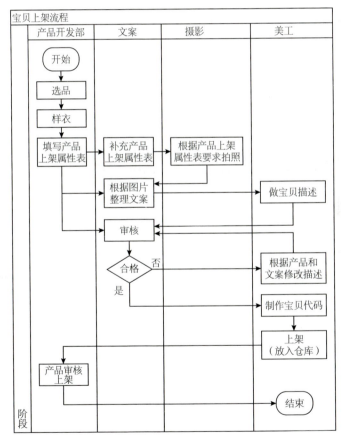

图1-26　宝贝上架流程

这个工作会涉及到产品开发部、文案部、摄影部、设计部等，而一个初创团队可能只有3~5个人，那么宝贝上架流程可能就没有这么完善，也许就一个人完成全部流程。

小团队通常的情况是，设计师一个人搞定拍摄、文案、设计、上架等一系列工作，实际上这样是很容易出问题的，因为一个人的特长和精力都有限，不可能面面俱到。即使是小团队，也建议让运营一起参与进来。因为一个高转化的详情页，一定离不开市场分析、客户调研、竞争分析、文案策划、素材收集等大量的前期工作。让运营和设计师共同参与，能避免盲区，也更能提升两个部门相互了解程度和配合度。

3. 优化流程

与设计师相关的工作流程还有主图优化流程、直通车图优化流程等等，大家可以参考图1-27，每个店铺情况都不一样，可以根据实际情况来调整优化。

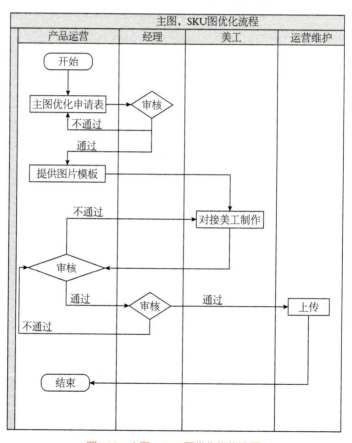

图1-27　主图、SKU图优化优化流程

这里做个小提示，制定工作流程的软件有很多，比如用微软的Visio来完成工作流程制作，这类教程有很多，这里不作详细阐述。

1.5.2 设计师工单管理流程

设计师的KPI如何设定和考核，一直是很多电商企业头疼的问题。设计师工作较难量化，如果设计师的工资凭感觉来设置，可能会影响设计师工作积极性，容易产生怠工或者分配不合理等问题。

当一个电商企业设计师有设计团队的时候，建议采用工单流程来进行管理。体量不同的团队只是工单的细化程度不同而已，团队人数越多，工单越细化。

通用的工单管理流程建议如图1-28所示。

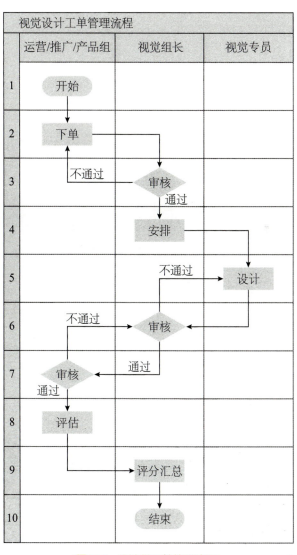

图1-28　设计师工单管理流程

基本流程是由运营、推广或是产品组给视觉组长下工单需求，由视觉组长审核工单是否符合标准、工单完成时间是否有问题，然后安排给具体的设计师来执行。设计师每完成一个工单都会有相应的工时，工时对应积分，积分可以兑换成奖金（如表1-1所示）。采用这种工单管理制度，可以一定程度上提高设计师的积极性以及和其他部门的工作配合效率。

表1-1　视觉组工单积分细分表

视觉组　工作内容-详细分类（试行）					
开新店类			店铺运营类		
级别	工作内容	工时/单个	级别	工作内容	工时/单个
A类	初期　品牌调研	16	A类	焦点图设计	6
	定风格　规划店铺草图	8		推广图片设计	3
	设计店铺首页	16		首页改版	8
				新做标签页	4
				重新设计产品描述（模板）	8
				店内大型活动页面设计	8
				店内大型活动图片设计	4
				全面跟踪大型活动当天相关工作	8
B类	子页面设计	4	B类	店内中小型活动图片设计	3
	设计产品描述模板	10		首页单品展示图片设计	1
				首页热销展示区设计	2
				子页增加小模块	2
				子页关联销售展示区设计	2
C类	整理归类产品图片及资料	8	C类	处理优化产品描述图片	0.5/款
	优化产品图片　调整图片大小	0.5/款		按模板替换产品描述	0.5/款
	按模板替换产品描述	0.5/款		修改产品描述信息	0.5/款
	切图上传及生成描述页面	0.5/款		增加删除店铺旺旺	0.3
		0.2/款		页面单品图片改标题价格	0.2
				店内图片错误修改	0.2

1.6　视觉工作高压线提示

需要提醒读者的是，设计师需要了解平台规则和相关法律条款，避免在工作中失误给店铺造成损失。这里总结了几条设计师在工作过程中，几个最容易触犯的规则，希望提醒设计师和店铺运营人员注意。

1. 请勿不当使用他人权利

其中包括：未经他人许可，在商品信息、店铺名、域名中使用他人的商标（包括文字商标、图形商标等）或作品（文字作品、图案作品）等。

轻松搞定店铺视觉

天猫

具体规则详见：《天猫规则》第二十五条、第七十八条，以及《不当使用他人权利规则实施细则》。详细地址：https：//rule.tmall.com/tdetail-3457.htm？spm=a2177.7731969.0.0.52f01aceUzznq7&tag=self

请使用手机淘宝或天猫客户端扫码查看：

在这里比较常见的错误是：未经许可盗用其他品牌或店铺图片。

①商品图片，一定要自己拍摄，并保存原图，以便维权时使用！
②设计师使用任何一张素材图片，都要注意是否有版权及是否需取得授权。
③有版权的图片或素材，要取得授权后，才可以使用。

2. 字体使用版权

做天猫店铺需要有版权意识，除了素材图片需要有版权，在使用字体时也需要有版权意识，不经过授权的字体，是不可以随便使用的。如果遇到投诉可能会导致商品被删除。

阿里巴巴已经取得取康字型的45款简体字体的全媒体广告授权，此授权包含阿里巴巴集团旗下平台商家可以使用这45款字体制作网页登载限于阿里巴巴旗下的网站。天猫商家可以根据自己的设计需求，随心所欲应用。但请留意，如您需要在阿里巴巴集团旗下平台之外使用该字体，必须另行获取华康字体公司的正式授权。

具体规则通知及华康字体详情情况查询网址：https：//service.tmall.com/support/tmall/knowledge-13481414.htm

请使用手机淘宝或天猫客户端扫码查看：

建议商家对已经上架的商品，进行店铺自检，如果使用了未经授权的字体，要第一时间修改。

建议商家对未上架的商品，设计时就严格使用可免费使用版权的华康45种字体。

如果需要使用45种华康授权之外的字体，请确保已取得授权。

3. 设计时注意遵守广告法

建议运营及设计师认真阅读《中华人民共和国广告法》详见http://www.sfda.gov.cn/WS01/CL0784/118160.html，防止在商品销售、推广过程，产生不必要的损失。

在《中华人民共和国广告法》正式施行之际，天猫品控也同步做了宣导，详见原文网址：https://maowo.tmall.com/discussion.htm？id=56651

请使用手机淘宝或天猫客户端扫码查看：

 商家在发布商品页面过程中，一定要检查以下广告法禁用词，不可以在店铺出现：

- 与"最"有关：

最、最佳、最具、最爱、最赚、最优、最优秀、最好、最大、最大程度、最高、最高级、最高档、最奢侈、最低、最低级、最低价、最底、最便宜、时尚最低价、最流行、最受欢迎、最时尚、最聚拢、最符合、最舒适、最先、最先进、最先进科学、最先进加工工艺、最先享受、最后、最后一波、最新、最新科技、最新科学等。

- 与"一"有关：

第一、中国第一、全网第一、销量第一、排名第一、唯一、第一品牌、NO.1、TOP.1、独一无二、全国第一、一流、一天、仅此一次（一款）、最后一波、全国X大品牌之一等。

- 与"级/极"有关：

国家级（相关单位颁发的除外）、国家级产品、全球级、宇宙级、世界级、顶级（顶尖/尖端）、顶级工艺、顶级享受、极品、极佳（绝佳/绝对）、终极、极致等。

- 与"首/家/国"有关：

首个、首选、独家、独家配方、全国首发、首款、全国销量冠军、国家级产品、国家（国家免检）、国家领导人、填补国内空白等。

- 与品牌有关：

王牌、领袖品牌、世界领先、领导者、缔造者、创领品牌、领先上市、至尊、巅峰、领袖、之王、王者、冠军等。

轻松搞定店铺视觉

- 与虚假有关：

  史无前例、前无古人、永久、万能、祖传、特效、无敌、纯天然、100%等。

- 与欺诈有关：

  涉嫌欺诈消费者：点击领奖、恭喜获奖、全民免单、点击有惊喜、点击获取、点击转身、点击试穿、点击翻转、领取奖品；

  涉嫌诱导消费者：秒杀、抢爆、再不抢就没了、不会更便宜了、错过就没机会了、万人疯抢、全民疯抢/抢购、卖/抢疯了等。

- 与时间有关：

  限时必须明确具体时间：今日、今天、几天几夜、倒计时、趁现在、就、仅限、周末、周年庆、特惠趴、购物大趴、闪购、品牌团、精品团、单品团（必须有活动日期）。

  严禁使用：随时结束、随时涨价、马上降价等。

4. 其他注意事项

设计师在设计页面过程当中，禁止使用：电话、QQ、微信、二维码和站外链接等信息。《发布广告信息的规则与实施细则》详见网址：https：//rule.tmall.com/tdetail-2692.htm？spm=a2177.7731969.0.0.52f01aceWAZrK3&tag=self

请使用手机淘宝或天猫客户端扫码查看：

1.7　店铺视觉设计应具备的专业知识

1.7.1　软件相关知识

作为店铺视觉设计人员学好Photoshop、Dreamweaver、Fireworks等软件技术是必备的专业技能。

这里提到的3个软件，请参考其他教程，这里不做具体描述，仅做简单介绍：

- 作图软件：Photoshop（简称PS），可以说90%以上的工作，都在用PS。

- 图片优化软件：Fireworks，在图片切片和图片优化，具有不可替代的优势。简单地说，在保证图片品质的前提下，Fireworks存的图，会比其他软件小，PS存图时，假设是300KB，用Fireworks存相同的品质，大概只有250KB左右。每张图小几十KB，整个页面访问速度会大幅度提高，手机流量也会省很多。当然，最主要是：用户体验好。
- 图文排版软件：Dreamweaver可以实现复杂页面的图文排版、代码编辑、链接设置等。

以上3个软件，是设计师工作必用的软件，而如Illustrator、Flash、CorelDRAW、FreeHand等软件技能的掌握，各店铺可以根据实际岗位需要来选择具备相应技能的人才。

1.7.2 专业技能知识

店铺视觉设计应该具备的知识越全面越好，下面大概列举了一下初级、中级、高级设计师应该具备的技能知识如图1-29所示。

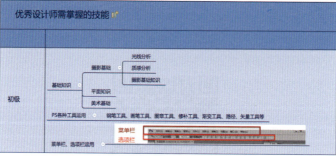

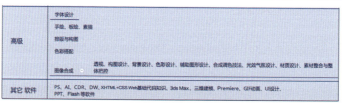

图1-29　店铺视觉设计应该掌握的技能知识

公司可根据岗位所需的技能重点考核、关注员工已具备的技能知识。通常设计公司需要建立一套员工学习成长体系，让每个设计师把自己擅长的领域、不擅长的领域，以及自己近段时间最想提升的领域梳理出来，然后安排相互分享学习。设计师除了定期或不定期地组织设计互相分享，最好还要建立讲师成长体系，分享质量高的设计师会成为讲师，讲师会有奖励机制。比如外派学习的机会或实质奖励等，从而调动团队内分享与相互成长的氛围。

第2章

天猫店铺视觉 定位篇

店铺视觉是如何定位的？整体视觉效果是如何打造的？类似的问题一直困扰着天猫商家。本章主要围绕着店铺视觉定位来深入解读。

店铺的整体感觉如何，能否第一眼吸引消费者，在于店铺整体风格是否统一、是否能引起消费者共鸣。品牌具有很强的识别性和记忆性，当品牌开始扩散或者被消费者随意捕捉到品牌信息后，能够更好地被记住。

品牌调性是基于品牌的外在表现而形成的市场印象。品牌就好比是一个人，品牌调性则是这个人的气质，这个气质会从很多个方面体现出来。天猫店铺的视觉定位是品牌VI的数字化延伸应用，对于天猫店铺品牌视觉的系统化学习尤为重要。

2.1　了解CIS（企业形象识别系统）

CIS是企业形象识别系统，是Corporate Identity System的缩写，主要含义是：将企业文化与经营理念统一设计，利用整体表达体系（尤其是视觉表达系统），传达给企业内部与公众，使其对企业产生一致的认同感，以形成良好的企业印象，最终促进企业产品和服务的销售。

建立企业形象识别系统有两个意义。

- 对外部：通过一体化的符号形式来形成企业的独特形象，便于公众辨别、认同企业形象，促进企业产品或服务的推广；
- 对内部：企业可通过CI设计对其办公系统、生产系统、管理系统以及营销、包装、广告等宣传形象形成规范设计和统一管理，由此调动企业每个职员的积极性和归属感、认同感，使各职能部门能各行其职、有效合作。

CIS系统是由MI（理念识别）、BI（行为识别）、VI（视觉识别）三方面组成。在CIS的三大构成中，最核心的是MI，它是整个CIS的最高决策层，给整个系统奠定了理论基础和行为准则，并通过BI与VI表达出来。

所有的行为活动与视觉设计都是围绕着MI这个中心展开的，成功的BI与VI就是将企业的独特精神准确表达出来（以上解释来源于百度词条企业形象识别系统解释），如图2-1所示。

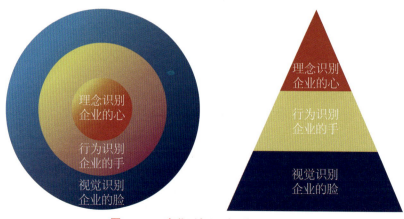

图2-1　CIS企业形象识别系统结构层次

2.1.1　MI（理念识别）

MI是指企业理念，是Mind Identity的缩写，用来确立企业独具特色的经营理念。

- 对内部：影响企业的决策、活动、制度、管理等；
- 对外部：影响企业的公众形象、广告宣传等，企业树立明确的经营理念并且能够对目前及未来的经营目标、经营思路，经营方式等进行整体规划和界定；
- 还包括精神标语、企业文化、发展策略、企业特性、企业歌曲、CIS手册等。

2.1.2　BI（行为识别）

BI是企业实际经营理念与创造企业文化的准则，是Behavior Identity的缩写，对企业运作方式所做的统一规划而形成的动态识别形态，是以经营理念作为基本出发点。

- 对内部：建立完善的组织制度、管理规范、职员和干部教育、工作环境、生产设备、行为规范和福利制度；
- 对外部：开拓市场调查、进行产品研发、流通对策、透过社会公益文化活动、公共关系、营销活动等方式来传达企业理念，以获得社会公众对企业识别认同的形式。

2.1.3 VI（视觉识别）

VI是视觉识别系统，是Visual Identity的缩写，是以标志、标准字、标准色为核心展开的完整的、系统的视觉表达体系。把企业理念、企业文化、服务内容、企业规范等抽象概念转换为具体符号，塑造出独特的企业形象。

1. 视觉识别的基础体系

视觉识别设计最具传播力和感染力，最容易被公众接受，具有重要意义。VI里面最重要的就是标志（Logo）。Logo就像人的脸一样，具有最明显的识别特征，脸越具备特殊性给人印象就越深刻，识别性也就越强，Logo也是一样的道理。

1）VI的发展由来

VI的发展，最早可以延伸至古代的一些宗族、部落等社会化人群的标识。中华民族的图腾是龙，最早由黄帝部落的蛇图腾吞并炎帝部落的鸟图腾而成。看到龙这个符号时就会呼唤起我们作为炎黄子孙的意识，图腾是人类意识进入抽象、符号和概括的标志之一。图腾意识根植在人的潜意识里，所以Logo起到了唤起的作用，我们感受一下LV、BMW这些简单的字母组合带来的对这些品牌的印象就能明白Logo的重要性。人类文明的进化过程中有3万～4万年的图腾时期，人们通过某种动植物符号来界定部落间的差异，进而发展出不同的文明。

图腾意识在现代的应用就是标志，比如中国的图腾，如图2-2所示，龙图腾代表了华夏民族。

图2-2　中国的龙图腾

对西方国家来说，由宗教、血统为区分的一些纹章，是西方很多Logo的起源，如图2-3所示。Logo里面包含了很多信息元素，Logo并不是一成不变的，也会根据不同的企业情况和传达内容发生改变。

图2-3　西方国家的纹章

Logo的设计要非常贴切于品牌的基因，不管是设计理念还是发展历程，Logo的变化也会伴随着企业的发展开始有调整和更新。下面以天猫Logo为案例来详细讲解，如图2-4所示。

图2-4　天猫Logo

综上所述可以得出VI核心要素就是标志，具有象征功能、识别功能，是企业的形象、文化、特征和信誉的浓缩，因此Logo就显得额外重要，要严格按照标准执行，一旦随意变换，容易模糊消费者对品牌的印象，不利于品牌的传播和消费者记忆。因此，建议天猫商家建立Logo标准意识。

2）基本要素使用规范

很多天猫商家都忽略自己的标志设计，在固定位置上的标志和Banner上的标志都不统一，往往会让消费者感觉这家店并不正规也不成熟。天猫店铺标志承载着天猫店铺的无形资产，是天猫店铺综合信息传递的媒介。在形象传递过程中，是应用最广泛、出现频率最高，同时也是最关键的元素。天猫店铺的定位、经营模式、产品类别和服务特点，都被涵盖于标志中，通过不断的刺激和反复刻画，深深地留在受众心中。

3）Logo运用原理

Logo有很多的设计内涵，不同的设计内涵和理念会形成不同的设计感，同样的中文，不同的设计表现形式，所传达的信息是完全不一样的，如图2-5所示。

TMALL天猫

图2-5　天猫Logo

标志的标准网络制图是为了确保标志组合正确使用的科学化方法，由本图得以了解标志的组合整体造型比例，线条粗细，空间距离等相关关系，并借此快速的绘制准确的标志，如图2-6所示。

图2-6　天猫Logo的标准组合

为了不影响标志的清晰度与识别度，能够更加清晰地传播品牌标志，标志周围必须保留足够的空间作为安全空间，安全空间内禁止出现任何干扰文字、图案或其他元素，如图2-7所示。

* 虚线内为标识安全空间，神圣不可侵犯！

为有效保护天猫品牌标识标准组合的视觉效果，其周边必须保留足够的安全空间。在安全空间内禁止出现任何文字、图案或其他元素。

标识的最小使用尺寸规定：宽度≥30mm；以确保标识的清晰完整。

图2-7　天猫Logo的安全空间

为达到标志与字体在使用中的一致性和清晰度，需要规定标志在不同背景上的使用规范，如图2-8所示。

图2-8　Logo应用背景色

为了保持使用标志的统一性和规范性，不得出现任意更改标志形态（比如拆分标志、更改颜色、更改标志和标准字的比例关系等）的情况，如图2-9所示。

对于所有的天猫商家而言，建立统一的VI系列标准是必不可少的，而有很多线下品牌VI在线上电商领域使用的时候，除了需要按照VI系统规范里的标志的要求和标准来运用，也要根据线上特点及需要进行调整优化。接下来以公牛品牌的Logo为案例来详细讲解Logo如何在线上丰富起来。

禁止
浅色背景上使用反白或浅色的标识

不可
改变标识中元素的色彩

不可
在过于复杂的背景上使用标识

避免
使用于标识颜色过近的背景

不可
扭曲标识或随意变形

不可
线条或其他效果表现标识

不可
标识的元素大小比例或含糊标识组合

不可
使用规范色彩之外的颜色

图2-9　标志使用禁忌

　　针对网络应用，显示器的分辨率为72px，为了不影响品牌标志在网络应用中的清晰度与识别度，规定品牌标志横式组合和竖式组合的整体宽度不得小于72px，小于此规定则不能使用。当前实际运用中最小应用为店标和店标的Logo使用，设计尺寸为100px×100px，Logo尺寸为76px×51px。店标尺寸应用于全网，包括旗舰店、专卖店、分销店，如图2-10所示。

图2-10　标志应用示范——店标

主图的标志实际高是62px，安全空间是21px（大于标准的安全空间数值），Logo的使用背景为白底，如图2-11所示。

图2-11　Logo应用示范——主图

线上店铺标志应用统一还包括无线端上的标志使用、店铺首页店招的标志使用、店铺页尾的标志使用等。

4）字体的基本规范

（1）中文字体规范

品牌专用字体是视觉系统中的一个重要视觉元素，使用统一的公司专用字体将增强品牌的呈现力和视觉统一感。以天猫字体规范为例，如图2-12所示。

图2-12　天猫中文字体规范

（2）辅助字体规范

特殊字体可强化页面的丰富性，增强字体应用的多样化。从品牌和产品特点出发，选择适合的字体系列，如图2-13所示。

（3）英文字体及数字规范

为了保持字体的一致性，对于英文字体和数字字体也应该设置标准，后续的页面设计字体，也需要根据具体场景从视觉的角度选择字形最为合适的字体，如图2-14所示。

场景	中文	英文
印刷	方正兰亭细黑 方正兰亭黑 **方正兰亭粗黑** **方正兰亭大黑** 方正正准中黑 方正正准准黑 **方正正准粗黑** **方正正准大黑**	Helvetica Neue (Light) Helvetica Neue (Regular) Helvetica Neue (Medium) **Helvetica Neue (Bold)**
Windows	首选: 微软雅黑 (Microsoft Yahei UI) 备选: 中易宋体 (SimSun)	首选: Segoe UI 备选: Tahoma/Verdana/Arial
Mac OS X	首选: 苹方简体 (Pingfang - SC) 备选: 华文黑体 (Heiti SC)	首选: Helvetica Neue 备选: Verdana/Arial
IOS	首选: 苹方简体 (Pingfang - SC) 备选: 华文黑体 (Heiti SC)	首选: Helvetica Neue 备选: Verdana/Arial
Android	首选: Roboto 备选: Droid Sans Fallback	Roboto

图2-13　天猫辅助字体规范

TMALL FONT BOLD

ABCDEFG
HIJKLMNOPQRST
UVWYXZ
1234567890

TMALL FONT LIGHT

ABCDEFG
HIJKLMNOPQRST
UVWYXZ
1234567890

图2-14　英文字体规范

5）色彩使用规范

色彩作为品牌中重要的视觉元素，它能够帮助受众快速对品牌产生心理联系并留下深刻印象，依据色彩逻辑进行合理搭配，使品牌与受众在情感上产生共鸣。店铺需要设计一级颜色，为品牌及子品牌的形象，为对外宣传的核心颜色，再根据品牌整体调性设置不同应用场景下的二级、三级辅助颜色，如图2-15所示。

图2-15　天猫品牌色彩原则

接下来以案例品牌电商标准色规范为例讲解色彩使用规范。该案例主色以品牌色为主体，增加绿色的多样性，更显细腻精致。排插类的品牌主色"绿"，同时作为基础使用色。该案例的绿色非常独特，因此在所有的设计中要确保色值的准确。需要注意的是，统一色彩在不同管线和不同材质上也会有一定的视觉误差，所以要以本色彩的样本为基础，品牌延伸基于标准化，不得更改，如图2-16所示。

轻松搞定店铺视觉

图2-16　案例标准色规范

　　案例中，排插类的标准色系作为标准色的辅助搭配，可以协调突出品牌的主要色彩，也可以增强品牌在颜色应用上的丰富性和灵活性，如图2-17所示。

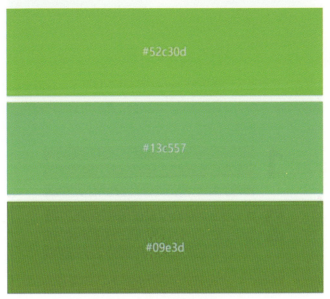

图2-17　案例品牌辅助色系规范

　　案例标准色贯穿了整个详情页设计，运用在头图海报中、卖点说明中的字体和色块等，如图2-18所示。

LED灯类： 手机端：

标准色 ————

———— 标准色系

———— 辅助色

———— 标准色

———— 辅助色

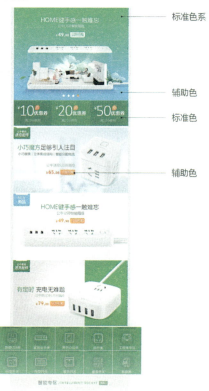

图2-18　标准色彩应用示范

结合以上内容，对于设计天猫店铺Logo规范如图2-19所示。这两个步骤、六个维度可以形成天猫店铺Logo策略表，以此来设计出Logo。然后再系统化延伸，从而梳理出VI体系等内容。

1
1.1明确网店策略　侧重品牌、侧重销售还是侧重资讯？
1.2 明确品类定位　属于哪个大品类、子品类，特点如何？
1.3明确风格定位　品牌/产品的特点，风格和理念。

2
2.1元素取舍　中，英文名字，图形，吉祥物，广告语取哪些？
2.2 字体的选择　饰线体还是直线体？
2.3色调的选择　饱和度、明度、色相，色彩情感

第2步的策略定义完全依据第一步的战略定义

图2-19　策略表

再举个电商品牌裂帛的Logo创作设计过程。该品牌的服装设计风格是中式时尚民族

风，所以其标志的原型采用大宋体，如图2-20所示。可以对照标志来看两者有何不同，设计师在哪里做了修改？

图2-20　案例品牌Logo设计基础

作为标志设计的第一个步骤就是删减，要用最少的形式进行最直接的感知传递。去掉与品牌个性不符的圆角、圆点，改成直线，减去很多细节后，特性更突出，如图2-21所示。

图2-21　删减细节

不断地寻找两个文字之间的关系，包括水平线、肩胛节点、空隙和笔划连接。这些是把两个字变成一个Logo的关键，如图2-22所示。对字形进行调整，加宽底部结构，使文字更稳定。进行对齐调整，两个字的组合中的同位结构线对齐（比如标线标出的横线），这样两个字会变成一个整体。最后植入理念，用如刀的撇点，切断横竖结构。

图2-22　演变过程

再来看一下调整前后的线条之间的变化，不断地由远及近、由近及远的调整细节，最后成型，如图2-23所示。

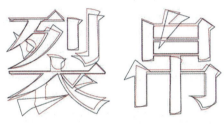

图2-23　案例品牌中文Logo呈现

最终裂帛品牌的Logo如图2-24所示。

向_内_行_走_
LIÈBO裂帛

图2-24　案例品牌Logo示意图

2. 视觉识别的应用体系

接下来介绍视觉识别的应用体系，案例基于店招、页尾、主图不同位置的实际应用，这些实际应用就是在前述基础体系里面的操作和实施。

1）店铺店招视觉识别应用

店招的重要性不言而喻，对于店招中的VI应用会包含很多内容。可以看见Logo和辅助图形、字体的应用、标准色/辅助色的应用中都遵循了VI的要求和规范。

看起来简单，但是执行的时候需要注意不停地提取VI手册里面的规范要求。如果店铺设计师在设计时不严格遵守VI手册的规范要求，随意去做，将不利于店铺视觉的统一，容易造成一个店铺有各种风格的设计和杂乱的字体颜色。要达到店铺视觉统一，必须严格按照VI手册，不管是哪个设计师，都必须按照标准执行。

如图2-25所示，店铺首页店招导航设计的很规范，主要分为品牌Logo区、店铺名称区、广告区。旗舰店和专卖店Logo区保持一致，内容范围在240px内，Logo两边预留安全距离，店铺名称区在旗舰店为纯文字，在专卖店为事业部Logo+文字形式。广告区内容为主推产品，包含产品图、价格、名称和小图标，整体内容宽度不超过600px。

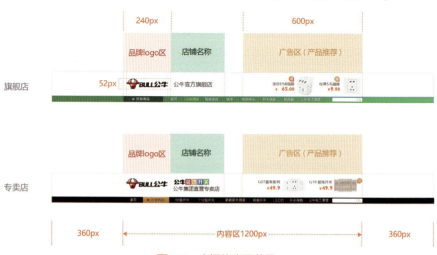

图2-25　店招的应用范围

2）页尾设计视觉识别应用

店铺页尾设计中要突出品牌Logo，用来提升品牌形象。当然页尾还可以增加其他售后服务说明、商品质量保障、企业实力展示、人才战略等等多种信息模块，再结合企业VI作为页尾，也可以起到很好的正面展示效果，如图2-26所示。

图2-26　页尾的应用规范

3）主图视觉识别应用

主图的应用中应注意Logo的尺寸比例，以及Logo和主图边距是否符合Logo的不可侵入范围。要统一固定的Logo应用，对于边距尺寸要较好地执行，结合VI手册中的要求。主图②是天猫搜索图，要求白底，并做斜角45°拍摄，主图③、主图④、主图⑤分别展示了组合、分解以及包装。做到产品全方位展示，如图2-27所示。

①正面45°俯视图　　　②斜角45°图

③组合图　　　④分解图　　　⑤包装图

图2-27　主图的应用规范

4）店铺海报视觉识别应用

海报的应用范围，分为产品型海报和促销型海报。产品创意海报在设计上需要考虑品牌的调性表现和产品的特点表现，视觉上需与其他品牌产生差异化，突出智能排插的产品特点：智能、安全、现代，创造最好的生活工作用电环境。不断加深消费者对产品的记忆，拉开与其他产品的差异，如图2-28所示。

图2-28　产品型海报创意构思

活动促销海报重在突出促销重点，为了直观地烘托促销氛围。字体选择较粗、冲击力比较强的字体，适当进行细节变化。在配色的选择上，以喜庆、吸引人的颜色为主，如图2-29所示，选用了红紫渐变的搭配色调，突出浓厚的促销氛围。

图2-29　促销型海报创意构思

5）店铺推广图视觉识别应用

直通车推广图和钻石展位推广图的应用规范也要根据VI手册来进行设计。常见尺寸有很多，规格设计根据平台要求为准，建议：

- 构图务必以产品为第一要素，稳重、画面平衡；
- 配色以产品颜色为基准，以运营需求为方向。最终画片效果与运营需求基调相匹配；

- 字体选择，同"广告图字体"页，排版务必有字体的大小对比和粗细对比；
- 小元素（如各类标签）呈现点缀。

如图2-30所示。

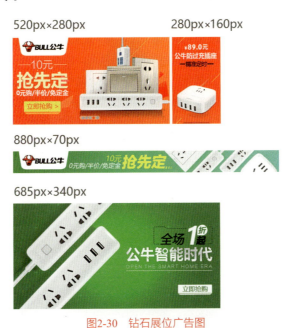

图2-30　钻石展位广告图

6）促销标签视觉识别应用

VI应用里面促销标签的设计也非常重要。本例中，辅助图形是在标志牛首的基础上进行优化的，使图形更具有视觉冲击力，在页面展示中拥有独特的符号，同时也添加了页面的时尚感和科技感，简洁的图形更利于页面的延展使用，如图2-31所示。

图2-31　促销标签的应用规范

2.2 店铺视觉风格的呈现

店铺的视觉风格通常分为两种形式：一种为简约型，如图2-32所示左页面；一种为专业型，如图2-32所示右页面，大家可以做一下比较。

简约型店铺装修以本色为主、尽量做到简洁不复杂，但是简约不等于简单，简约的特点在于细节的处理。细节包括哪些？作为天猫店铺，简约型的装修设计最重要的是文字内容的组织，其次是促销区、栏目区、招牌区以及销售商品的属性之间的风格的一致性、最后是简单的设计风格和文字内容的完美结合，达到自然随性、没有太多装饰但是给人深刻印象的效果。

专业型店铺风格适合做专一品牌或者高相关性商品的天猫店铺。不管是店铺招牌还是促销区，以及栏目区和商品描述等，都力求在细节处理上做到完美。文字内容的组织需要从售前、售中、售后等多个环节的服务简要说明，当然也包括全场商品的通用特性介绍。另外、品牌分类和品种分类的处理、招牌区的色系选择、文字字体和文字内容、篇幅长短、促销区的应用（文字型、推荐商品型、导购/导航型、促销广告型……）整体上要求和店铺销售商品的特性完美衔接，不出现跳跃性。

实际上选择专业型或简约型店铺风格，核心要围绕销售品牌商品的特点来展开，可以去看看你所选择的品牌的官网风格，多个品牌的话可以考虑根据店铺商品的消费层的年龄、性别、喜好等来做决定。

2.2.1　店铺风格定位

店铺风格定位原则：

- 要依据产品特点和目标消费者喜好，不能仅凭个人喜好或猜测给店铺做风格的定位；
- 色彩搭配有主次、有对比，不能整个店铺通篇都是一种颜色，给人很单调、压抑的感觉；
- 色系不宜过多，3种以内，太多会给人一种零乱的感觉；
- 少用鲜艳色，尽量采用中间色。

鲜艳色：刺眼，轻佻，不舒服。鲜艳色喧宾夺主，会抢宝贝的风头。（任何店铺，真正的主角是宝贝，而不是装修，装修只是一个衬托或绿叶）
中间色：温和，不过分。

轻松搞定店铺视觉

图2-32 简约型店铺风格和专业型店铺风格对比（图片来源：案例商家店铺截图）

1. 主题明确

举例来说，在6.18前期，案例店铺首页的主题就是"6.18盛典巅峰"，如图2-33所示。

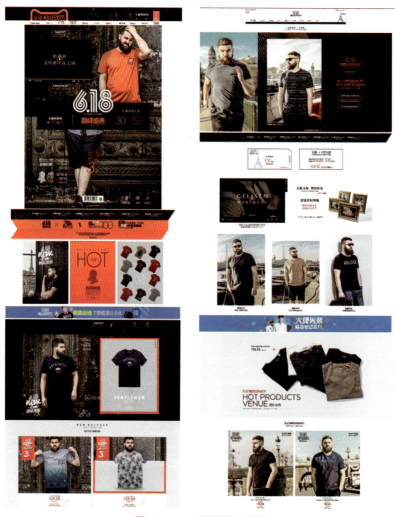

图2-33　6.18案例首页截图

店铺风格定位参考标准：

- 行业特性

如：

户外运动：动感、大自然、健康、活力。

　　　　　推荐色系：蓝、绿、橙、红。

孕婴用品：温馨、希望、洁净、成长。

　　　　　推荐色系：浅粉、浅玫瑰、浅绿、浅蓝。

- 产品特性

产品特性包括价格水平、消费群体、文化内涵等。

- 时节特性

不同的季节，店铺采用不同的风格。

不同的节日，更换不同的风格。

2. 布局合理

布局原则主要可以概括为：分列、平衡、分色系、立体化、多样化。

从整体角度安排各系列产品，再把特色产品放在最醒目的位置，然后恰当处理店铺首页版面的一系列颜色搭配。

页面的布局需要考虑到视觉动线，如"Z"字形。让消费者有持续想看下去的动力，如图2-34所示。

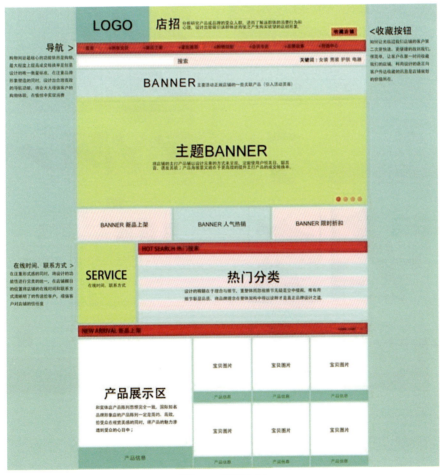

图2-34 页面布局

要做到：

如图2-35所示。

- 整洁统一，每个楼层布局是一样的，可以看看天猫首页、电器城，还有其他外站以及网店系统的精美模板，这些模板每个楼层布局都是一样的。因为考虑到消费者浏览页面的时候速度较快，这样可以迅速了解到他想要的东西，不用花时间去找。

- 每个楼层色调又是不一样的，这样能刺激浏览者的视觉，让其能够分开不同的楼层快速定位到想要的那一个楼层中。

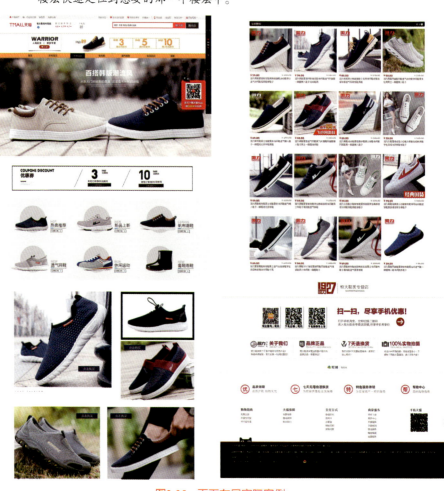

图2-35　页面布局实际案例

3. 模块化效果

页面风格呈现上还可以使用模块化效果，使消费者一目了然地找到对应的产品陈列模块。以下面的案例来看，在店铺首页设计中就采用了模块化，划分为男装、T恤、裙装、衬衫、套装等模块，如图2-36所示。

图2-36　页面模块

4.创意思路

创意到底是什么，如何产生创意？

创意是引人入胜、出其不意的；创意是传达信息的一种特别方式。

创意并不是天才者的灵感，而是思考的结果。一般创意思考的过程大致分五阶段：

- 准备期——研究所搜集的资料，根据旧经验，启发新创意；
- 孵化期——将资料咀嚼消化，使意识自由发展，任意结合；
- 启示期——意识发展并结合，产生创意；
- 验证期——将产生的创意讨论修正；
- 形成期——设计制作网页，将创意具体化。

创意是将现有的要素重新组合（比如，网络与电话结合，产生IP电话），从这一点上出发，任何人，包括你和我，都可以创造出不同凡响的创意。而且，资料越丰富，越容易产生创意。就好比万花筒，筒内的玻璃片越多，所呈现的图案越多。

创意思考的途径最常用的是联想，这里提供了店铺设计创意的21种联想线索：

①把它颠倒；②把它缩小；③把颜色换一下；④使它更长；⑤使它倾斜；⑥把它放进底图里；⑦结合文字图画；⑧使它成为年轻的；⑨使它重复；⑩使它变成立体；⑪分裂它；⑫使它罗曼蒂克；⑬使它看起来流行；⑭使它对称；⑮价格更低；⑯给它灌个好名字；⑰把它打散；⑱增加质感；⑲底纹化；⑳突出局部；㉑以上各项延伸组合。

页面风格上面不见得非要按部就班地使用模板，可以根据产品本身的特点或者说核心竞争力来设计页面，多一些创意思路，让页面有差异化，也会让消费者印象深刻，如图2-37所示。

图2-37 页面的创意

2.2.2 店铺视觉风格的呈现

天猫上有着风格迥异的各类店铺，有充满华贵气质的复古风格，有简洁大方的简约风格，更有贴近自然的清新风格等等。

该选择哪种风格来装饰设计店铺，成为商家们思考的问题。建议首先把品牌的风格确定好，然后根据品牌风格找到匹配的字体搭配、颜色搭配、版式、装饰元素等。为了维持品牌的统一性，这些元素一旦确定，就尽量不要频繁修改，久而久之，消费者才会对你的品牌产生明确的、深刻的印象。

1. 店铺风格规范

将店铺风格规范化需要注意以下几点：

- 第一，店铺的标志Logo，尽可能出现在每个页面上，并统一展示位置；
- 第二，突出店铺的标准色彩。文字的色彩、图片的主色彩、背景色、边框等色彩尽量使用与标准色彩一致的色彩；
- 第三，突出店铺的标准字体。在关键的标题、菜单、图片里使用统一的标准字体；
- 第四，想一条朗朗上口的宣传语。把它做在店铺的Banner里，或者放在醒目的位置；
- 第五，使用统一的图片处理效果。比如，阴影效果的方向、厚度、模糊度都必须统一；
- 第六，用花边、线条、点、突出差异化。

1）品牌符号化

品牌的成功要综合产品的创新、产品的质量、有效的销售策略、企业文化的建立和产品视觉形象传达等因素。在这个信息爆炸的时代，消费者只能记住该类产品的代表品牌。顾客心智一旦确定，很难改变。要不断将品牌名称与品类关联在一起，持之以恒地推广，扎根于用户的脑海之中。顾客就会不经意间把品牌名称当成该类产品代名词。

品牌想成功，不可缺少的是视觉形象设计，即视觉符号化。视觉符号就是以线条、光线、色彩、强力、表现、平衡、形式等符号要素所构成的用以传达各种信息的媒介载体。

视觉符号可以分为静态的表现形式（绘画，戏剧，雕塑等）和动态的表现形式（摄影，电影，电视，动画等）。

2）风格统一

看到头上扎着两条大麻花辫，辫尾还搞成两个大绒球的模特，你就会想到"茵曼"；看到戴着发网，涂着白色眼影的模特，就会想起"初语"。因为这些模特发型、妆容都太有特色了，而且他们每一张海报图延续传承类似的模特妆容，将印象根深蒂固地植入到消费者脑海中。也许当你第一次看到这样的发型、妆容会觉得怪异，但也很好地吸引了眼球，如此有个性的展示，让你会忍不住去关注它的服装。同样，每个品牌都应该有统一的"调性"风格。

风格的统一包括Logo的位置和颜色统一、文字字体的统一、图片处理方式的统一和标准色运用的统一。

3）基础色调

标志的色彩设定首先要符合品牌的特征，要有多场合应用的适用性。比如很多女装商家的标志会做成黑色。

如图2-38所示，A.H.孟塞尔根据颜色的视觉特点制定出颜色分类和标定系统。它用一个类似球体的模型，把各种表面色的 3 种基本特性（色调、明度、饱和度）全部标示出来。立体模型中的每一位置都代表一种特定的颜色，并都有一个标号，被称为孟塞尔色立体，目前国际上普遍采用该标色系统作为颜色的分类和标定的办法。

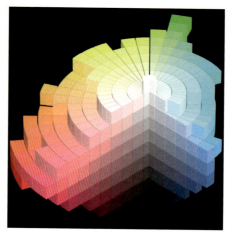

图2-38　孟塞尔色立体

使用自定义配色表可以帮助我们提高效率，如图2-39所示。取Logo色为主色，把其他需要搭配的色彩组织进一张配色表里，方便使用时直接吸取（AI里可以自定义色板），并有效回避禁用色所产生的色彩冲突。

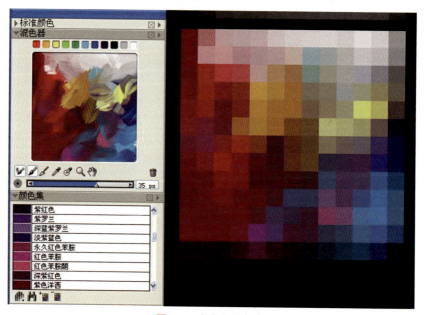

图2-39　自定义配色表

轻松搞定店铺视觉

一再强调，突出标准色彩，文字、图片、背景、边框等色彩尽量使用与标准色彩一致的色彩。

4）字体使用

一再强调，突出品牌的标准字体。在关键的标题、菜单、图片里使用统一的标准字体，同时需要注意字体的版权问题。还需要挑选适合品牌和产品的对应字体，例如男装可以使用粗犷的字体，女装可以使用修长的字体。

比如，三种不同的海报图，运用的字体也截然不同。第一张，宣扬中国文化，有力精悍；第二张，精巧细致的餐具，清晰儒雅；第三张表现动态十足的时尚快活，如图2-40所示。

字体和语音的比喻
字体粗细大小相当于音强
字体越大相当于声音越大

字体的形式相当于音色
男低音还是女高音

巧妙的字体组合相当于和弦

图2-40　字体使用

应建立常用字体库，不要每次在数千字体群里选字体。要养成好习惯，做好常用模板。

2.3 摄影脚本的确定

图片是商品的灵魂，一张漂亮的商品照片可以直接刺激到消费者的视觉感官，让他们产生了解的兴趣和购买的欲望。一张图片吸引眼球的时间只有0.16秒，在这么短的时间内，需要能够传达给消费者足够的信息量，才能增加停留时间及访问深度。而一张成功的商品照片又与拍摄时的环境选择和布置密不可分。因此在拍摄前，需要充分了解产品属性，罗列商品卖点，并找出核心竞争力，以及购买群体的审美需求等来确定拍摄风格并制定拍摄脚本的过程。

首先，需要先了解基本拍摄风格都有哪些方面？哪些类目的商品运用了何种拍摄风格？

其次，拍摄脚本的制定方法从哪些方面着手？需要针对自己的产品，看如何选择适合的模特、场景，利用细节呈现以及角度，更好地突出商品的卖点。

再次，我们要了解跟拍流程，要确认好跟拍方式，制定好拍摄方案及清单。

最后，选片以及文档管理，要从上百张甚至上千张原图照片中，选择符合当初确认的风格、角度的图片，能够完美呈现出商品的卖点和特点。

2.3.1 确定拍摄风格

目前在天猫店铺中，大致把商品分为：标类、非标类、综合类三大类别。不同类型的产品会有不同的风格展现。

1. 标类商品拍摄风格

- 标类商品通常指的是规格化、有明确型号的产品，比如手机、电脑、化妆品等。这类商品主要突出产品功能性，以功能为利益点。常见的标类商品拍摄形式是突出商品外观或内质的拍摄风格。直截了当，直观体现商品品质，比如商品的：颜色、密度、配件、布局等。
- 以情景烘托商品主题的拍摄风格，营造氛围，感受商品的使用场景，增加消费者代入感。
- 以明星代言商品的拍摄风格：以明星效应表达品牌风格，提升品牌形象。

2. 非标类商品拍摄风格

非标类商品通常指不是按照统一的行业标准和规格制造的产品，而是根据用途需要，自行设计制造的产品或设备，属于个性化产品，以外观造型为利益点。比如，服装类、箱包类、鞋等。常见的非标类商品拍摄形式有：

- 以突出商品款式实物的拍摄风格，可以突出多样性和产品特色外观。包括产品质感、结构、大小尺寸等等。
- 真人秀商品的拍摄风格：采用真人秀，让消费者直观看到产品使用或穿着效果，间接体现产品的风格和人群以及使用场景。

3. 综合类型商品拍摄风格

在标类及非标类之外的商品就被称为综合类型商品。如：家具、家居等商品。一般的拍摄风格采用实景拍摄为主，让消费者直观看到使用场景的现场效果。

2.3.2 制定拍摄方案

拍摄风格确定后，就需要制定拍摄脚本了，在拍摄脚本中，要先知道如何选择合适的模特、如何选择合适的场景、怎样去掌握商品的细节呈现和角度的效果。

好的图片是通过精心的制定拍摄脚本，让摄影师根据拍摄脚本来完成拍摄，从而达到预期的效果。拍摄脚本的制定是保证店铺拍摄风格统一，并符合品牌的基本要求，同时便于摄影师能够清楚拍摄的要求，以此来验收摄影师拍摄的图片是否合格。拍摄方案的制定要以结合统一的店铺、品牌、模特、背景的风格为前提，配合运营和设计来写基本拍摄脚本。

1. 拍摄模特的选择

以服装类目为例，制作拍摄脚本，首先考虑如何找到适合商品定位的模特，作为品牌概念传达的载体，选择模特可以从几个方面来考虑：

- 气质方面：甜美、性感、成熟、时尚、青春……
- 基础条件：个性、年龄、职业……
- 外国模特：国际范儿、高贵、高冷范儿、显得有档次……

以女装来举例：甜美型模特，可以穿着一些公主装、卡哇伊装、休闲哈韩装等；性感型模特，一般穿着一些神秘感强、有个性、时尚的；成熟型模特，一般穿中老年装、职业装、西装、套装、旗袍等。选择模特时，要依据此次的拍摄脚本与风格进行选择！

选择模特时需要注意五点：

- 要选择能够呈现出服装上身后效果好的模特。
- 参考模特提供的多角度照片，要看他们的生活照，不能只看艺术照。
- 拍照时模特要有表现力，不能只看是否漂亮，还要看模特的肢体语言传达是否可以凸显服装商品的卖点，毕竟需要消费者的眼球被商品吸引。专业的服装模特对肢体展现比较精准，可以更好地增加吸引力，而且可以根据商品卖点及核心竞争力来规范模特动作，包括不同的角度呈现。另外，模特的动作过多，遮挡商品或动作僵硬，效果也是不理想的。还有就是过于频繁更换模特，无形中也是增加成本的。

- 要看模特的素质，专业的态度，以及是否敬业。
- 模特到底好不好，需要试拍才知道。

每个服装品牌主打商品类型不同，对于模特的身体比例、形体特点都有不同的要求。比如：欧版的男士西装，就不能选择肩膀窄、胸围不够的男模；裤装，就一定得选择腿足够长的。

如果没有固定的模特，也可以从其他方面（如外形上或者特殊发饰、妆容上）进行统一，产生视觉差异，帮助消费者产生记忆。

举例来说，裂帛品牌女装，如图2-41所示。

图2-41　案例店铺的模特

品牌特点：狂喜，神秘，流浪，民族原创女装服饰。打破常规唐装，更多的把少数民族的手工、形式及色彩的延伸，是现代的民族服饰。以民族风格为调性，包括拍摄背景的风格，都具有潮、酷、冷、成熟的特点。

2. 确认拍摄背景

在制定拍摄脚本的时候，尽可能展示商品的更全面细节，包括模特穿拍（外景或棚内）、平铺拍、挂拍、叠拍、细节（微距）等来全方位展现。至于是纯色背景棚内拍摄，或者室内布景拍摄还是外景环境拍摄，取决于商品本身的卖点呈现效果及拍摄环境。

在室内拍摄，背景色一般采用：黑色、白色、灰色。在使用彩色背景时，大红色、大绿色、咖啡色这3种颜色尽量不要使用，因为相机对这3种色彩还原度较低，很容易产生偏色现象，如果想使用彩色背景的话，可以考虑用"高级灰"，比如：淡粉、淡绿、淡黄、淡蓝等。浅灰色背景可以很好地衬托出所有衣服的背景色。

在户外拍摄，也要根据服装的风格来选适合的外景，与服装协调统一风格。背景要虚化，突出主体。制定脚本需要考虑商品细节展现，细节图在拍摄的时候要使用微距镜头，对焦以及灯光需要注意。下面分别介绍拍摄环境不同的使用技巧。

实景拍摄，是生活中的真实场景或者模拟真实场景的布景。选择这样的拍摄场景，会让人有种代入感，并且有很强的身临其境的感觉。

棚拍：室内搭建拍摄场景，有辅助光源和背景。棚内拍摄最好使用可以将背景纸卷起来的支架，可以方便我们根据不同服装的颜色来快速更换相匹配的背景纸，如图2-42所示。

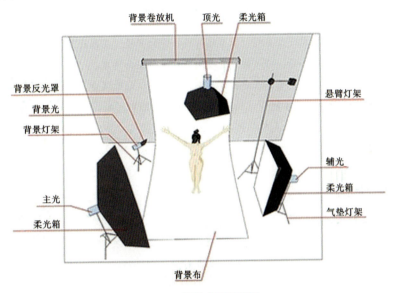

图2-42　棚拍布局示意图

棚内拍摄的背景材质一般有背景布、背景纸、植绒背景布等，现在用得比较多的是无纺布（性价比高），还有其他一些材质，比如亚力克胶板/反光板、墙纸、金属板等。在拍摄方向不变的前提下，改变拍摄的高度会使所摄的画面透视关系发生改变。在拍摄中，由于高度的变化，常常用到的有仰摄、俯摄、平摄等拍摄角度。在拍摄时，选择不同的拍摄角度，会使所拍摄的人物照片产生不同的构图艺术效果。对于拍摄高度的选择应根据被摄者的具体情况、所要表达的主要产品和周围的环境来确定。

* 平摄角度适用于：拍摄上衣、裙装等产品。
* 仰摄角度适用于：拍摄裤子、靴子等产品。
* 俯摄角度适用于：拍摄内衣等产品。

我们说拍摄方向的变化是指以被摄者为中心，照相机在水平位置上的前、后、左、右位置的变化，有时候也可以请服装模特改变方向，以获得不同方向的拍摄效果。在拍摄时，对拍摄方向的选择主要有正面、侧面、前侧面、背面几种，通过不同的拍摄方向，多方面地展示产品。

- 正面：展现服装特征。
- 前侧面：展现服装结构。
- 侧面：展现服装线条。
- 背面：展示服装背面。

3. 确认拍摄角度/方式

如何让模特摆出合适的姿势一直是一个难题。如果模特表现死板或者做作，将直接影响照片的质量，并直接影响服装的效果。

拍摄站立模特需要注意以下几点：

- 头部和身体忌成一条直线：让身体转成一定的角度，使画面显得生动。
- 双臂和双腿忌平行：可一曲一直或两者构成一定的角度。
- 尽量让体型曲线分明，表现其富于魅力的曲线，让服装更具诱惑力。

对于坐姿模特要如何拍摄呢？虽然坐姿人像相对站姿人像局限性大一些，但坐姿也能形成优美的曲线。坐姿以与相机成45°斜向坐姿为基准，分成斜侧向坐姿、背向坐姿与侧背向坐姿三种。而以上下躯干所形成的角度来区分，则可分为直角坐姿、钝角坐姿与锐角坐姿，若以两腿交叉摆放的样式来分，则可分为大腿上交式与小腿下交式。

需要注意的是：

- 不要用膝盖正对镜头，和镜头成45°角，伸直小腿，这样拉长腿型的效果好。
- 服装、女鞋、裤子、长袜等都可以用坐姿来表现。

2.3.3　形成拍摄表格

当确定了商品的拍摄风格以及制定好拍摄脚本之后，接下来就要进行跟踪拍摄了。跟拍方式一般分为两种，一个是现场跟进，另一个是远程跟进。首先要制定拍摄的方案，要去调研，要了解商品的定位和商品的档次，整体统一，明确拍摄要求；其次要制定拍摄的清单，对拍摄的商品进行归类。

现场跟进需要注意四点：

- 摄影师提前了解效果要求，并按照约定时间提交拍摄商品。
- 现场正式拍摄前，要求摄影师（拍摄机构）试拍风格，确认后再拍摄。
- 跟摄影师（拍摄机构）、模特即时沟通互动，准确提出要求及修改意见。
- 现场及时修正不符合要求的动作、角度和灯光。

远程跟进需要注意以下三点：

- 跟摄影师（拍摄机构）提前沟通好效果要求，并按照约定时间提交拍摄商品。
- 要求跟摄影师（拍摄机构）在正式拍摄前试拍风格，确认后再拍摄。
- 拍摄中，随时抽样检查拍摄效果。

拍摄前要填写拍摄方案表格，如表2-1所示，并同时附上参考样片。

表2-1　填写拍摄方案

客户编号：	客户名称：		
商品类型：大衣、毛线衣	商品风格：成熟女性（25～35岁）		品牌VI：清新简约OL风
消费层次：年轻的白领有一定消费能力的女性。	价格定位：100～300元		
模特定位：甜美，具有亲和力的，身高165～170，年龄20～25岁，女模特。 模特发型：妆容不宜太浓，尽量保持清醒的感觉，马尾辫和盘发。			
拍摄场地：棚内，内景，白色背景。	服装搭配： 高帮靴子，皮靴，项链，手链。 挎包，拎包，眼镜等。 具体搭配根据服装的实际搭配需要做相应调整。		

除了要做一个拍摄清单，还要制定商品拍摄要求，如表2-2所示。

表2-2　基本拍摄要求

商品拍摄角度基本要求				
客户：	客户编号：			
商品编号	商品名称	图片张数	模特基本参考动作	
	裙装	正面：3张	模特动作	此处贴放参考图片
		侧面：5张		
		背面：3张		
	裙装	正面：3张		
		侧面：5张		
		背面：3张		
	羽绒服	正面：3张		
		侧面：5张		
		背面：3张		

　　一次拍摄图片后，会产生最少几百张、最多上千张的图片。为了减少工作量以及利于后期设计师展开工作，要对拍摄好的图片进行分类建档，可以根据实际情况制作表格。如表2-3所示。在对图片进行分类的同时还需要检查是否按照拍摄清单的要求严格执行，对每一个图片进行再次检查，是否符合拍摄要求、是否有漏拍。如果有漏拍，那么要求摄影师及时补拍。摄影师或者摄影机构将按照制定的拍摄脚本拍好图片后提交，此时要关注选片的要素：①曝光正确；②图片角度；③图片色差；④图片质感；⑤图片清晰度。以此来评估是否符合标准。

表2-3　图片表格

模特选择								
年龄	性别	气质	妆容	发型	三围	身高	服装	特殊要求

商品摄影脚本										
项目	突出的重点	特殊要求	景别	镜头角度	道具	场景背景	布光光源	数量	备注	参考图
主图2			全景							
主图2										
9秒视频										
直通车用图										
钻石展位用图										
详情页用图										
细节图			特写							
广告图			大全景							

　　以上就是根据商品定位、品牌定位、店铺定位、消费群体定位来确定商品拍摄风格及制定拍摄脚本的过程，如图2-43所示，总结一下商品拍摄的前期、中期及后期的拍摄流程。

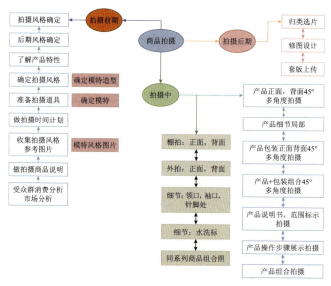

图2-43　拍摄流程

2.4 视频脚本的确定

虽说一图胜千言，但视频比起图片所能承载的信息量更大，如果能够有效地使用视频，对于用户的吸引力会非常明显，可以更好地传递情绪，更加富有表现力，能让用户更容易"感受"到你想要传递的信息。

先讲一下视频的运用技巧：

1. 视频不要自动播放

无论是在PC网站还是无线APP当中，用户查看视频的方式千差万别，并没有一套完全标准化的规程。有些用户喜欢立刻查看视频，有些用户则喜欢先查看周围的文本和其他信息，并希望能够根据网络环境掌控视频的播放与否。应尊重用户的查看习惯。

2. 短而精，利用每一秒

在店铺中所使用的视频和电影的逻辑并不相同，短小精悍的视频更符合网页的使用场景和用户的心理需求。许多优秀的商家实例中，视频大都选择精悍慎密的剪辑。用户无法像查看文字内容一样一目十行，快速了解信息，同时他们在浏览店铺的时候并不会像在视频平台上那样静候剧情推进，不同的场景和需求促使他们希望在店铺中更快获取信息，所以，即使几秒的等待也会让用户无法忍受。

3. 让消费者来掌控

让消费者来决定如何查看视频、何时播放视频才能让视频内容真正为消费者所用。消费者应当能够对他们所查看的视频进行完全控制，无论是播放和暂停，还是音量的大小，都应该在消费者的掌控范畴以内。

2.4.1 脚本内容的确定

现在很多店铺都会在主图和详情页里面添加视频，建议可以从三个维度来制作视频：品牌视频、产品视频、活动视频。上传视频时可以选择无线端或电脑端。

- 品牌视频：主要是传达品牌理念和文化，宣传企业品牌故事，传导品牌价值主张，以此和消费者产生共鸣。
- 产品视频：主要是用来讲述产品的使用方法、保存方法、鉴别方法、使用感受、卖点呈现、安装方法等。在详情页的前面放一段产品视频可以让消费者更加快速地了解产品，对快速成交有非常好的帮助。

以下是某品牌官方旗舰店产品视频的拍摄流程及规范，供读者参考：

拍摄前准备：

准备场景，符合品牌调性，实景为主；

准备道具，参照产品摄影道具规范；

准备样品，确保样品无瑕疵。

脚本：

时间要求45″～90″；

内容准备要具有品牌调性，要体现产品核心卖点，可适当加入3D效果。

后期制作：

Logo位置参照主图Logo规范；

文案字体使用方正兰亭中黑，统一位置，字号根据产品视觉主图字号标准确定，颜色尽量选择与背景色形成鲜明对比的颜色，文字上不要用效果；

旁白与字幕要同步，旁白声音要求浑厚的男声，语速标准偏慢，带情感；

背景音乐要是温和的轻音乐；

修片尺寸按16:9，保证达到超清画质。

- 活动视频：内容准备要有可传播性、有情感、有娱乐性。主要是为了店铺某次重大活动前期造势，营造氛围。

2.4.2　添加视频规则

对于不同位置添加规范和流程也是有差别的。

- 主图添加视频规范：小于9秒的时间。尺寸是800px×800px并且是1:1比例，而且只能调用1次并是1GB以内的大小。流程是用视频剪辑软件，然后上传到视频中心后并调用。

- 详情页视频添加规范：建议500MB以内、30分钟内的视频内容。流程是先要上传到视频空间、然后等待审核通过后再调用。录制视频内容时应该以突出商品的功能性为主导，让消费者通过视频更好地了解商品，引导购买。

2.4.3　制作主图视频方法

由于商品主图是消费者进入详情页的第一眼感受，所以主图的呈现效果在整个详情页中又显得尤为重要。将主图加入影音动态视频，更有助于让消费者在最短时间内了解和认可商品。

据数据统计，仅有50%的消费者会在详情页停留超过30秒，80%的消费者浏览不到8屏，而1~5屏的转化率为16.8%。因此，如何在短时间内将有效信息传递给消费者显得愈发重要。

如何制作一个精致的视频，必须要充分做好拍摄前准备。

1. 拍摄前脚本准备

再次来理顺一下。

①准备场景，符合品牌调性；

②准备道具，参照产品摄影道具规范；

③准备样品，确保样品无瑕疵；

④展示产品最大的核心卖点，最多不超过3~4个卖点；

⑤拍摄角度，以最能展示产品功能、特点、差异化的角度；

⑥Logo位置：参照品牌视觉主图Logo规范，不能出现黑边；

⑦统一文案字体，使用适合自己品牌的调性，且是官方授权的字体，字数不超过两行，文案要有节奏，第一行为主文案，每行不超过6个字；

⑧统一字幕位置、颜色，要高于播放条，字号大小根据产品视觉主图字号标准确定，颜色尽量选择与背景色形成鲜明对比的颜色，文字上不要用效果；

⑨后期制作：修片尺寸按1:1制作，保证清晰度。

2. 制作主图视频

制作主图视频的软件非常多，这里不做详细介绍。有的工具简单添加几张商品图片即可生成9秒的淘宝主图视频，如图2-44所示。

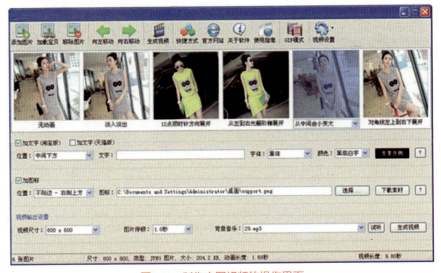

图2-44　制作主图视频的操作界面

2.4.4　发布带视频的详情页面

在商家中心发布、编辑商品详情页时，即可在详情页中嵌入视频。

第一步：在"淘宝视频"后台，切换到"电脑端视频"，视频列表中找到状态为"发布成功"的视频，点击"发布至店铺"按钮，该视频就会同步至店铺内，在发布宝贝或编辑宝贝时就可以插入视频了，如图2-45所示。

图2-45　发布页面

第二步：在"商家中心"页面，单击第一屏左下角"宝贝管理"模块里的"发布宝贝"按钮，进入"类目选择"界面，选择好宝贝所属的类目和品牌后，点击"我已阅读以下规则，现在发布宝贝"的蓝色按钮，进入到填写"宝贝基本信息"的页面。

第三步：在"宝贝基本信息"的页面上填写完宝贝的其他信息后，找到其中"宝贝视频"的信息，点击"选择视频"按钮，选中需要插入到页面的宝贝视频，然后再点击蓝色"插入"按钮，该视频便被安置在了展示宝贝的详情页中了。最后，点击页面底部的"发布"按钮，带有商品视频的宝贝详情页就这样上架了，如图2-46所示。

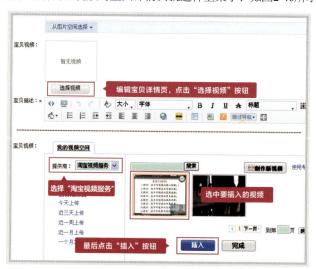

图2-46　视频的宝贝详情页

第3章

天猫店铺视觉
PC端页面篇

上一章介绍了店铺视觉定位的理论和实操，本章开始介绍店铺视觉页面的策划和布局实施。消费者浏览习惯是不同的，或是使用智能手机或是使用平板电脑（移动设备端本书称之为无线端）或是使用电脑端（本书称之为PC端）浏览访问天猫店铺。无论是PC端页面和无线端页面都必须和店铺品牌风格、整体定位保持一致，其模块和作用大致相同，但由于设备特点不同而有所区别。

在天猫商家PC端店铺中，常见页面有首页、专题页以及详情页，如图3-1所示，本章会对PC端店铺首页、平销首页、活动首页以及会员专题页、品牌介绍专题页、活动专题页和店铺详情页等逐一讲解。

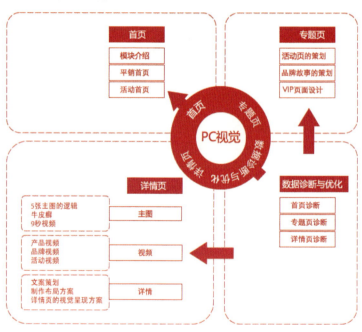

图3-1　天猫视觉页面PC端总览图

3.1　天猫店铺PC端店铺首页

店铺首页是一个非常重要的页面，如果用实体商铺做比喻，首页就相当于实体店铺的门面，店铺装修的视觉效果直接影响到商品的价值感呈现。设计优秀的店铺首页会提升页面停留时间、访问深度、点击率等相关数据。当然首页的重要性不仅仅体现在店铺的运营数据上，对品牌形象传达、活动传达、流量疏导都有着至关重要的作用。首页示例如图3-2所示。

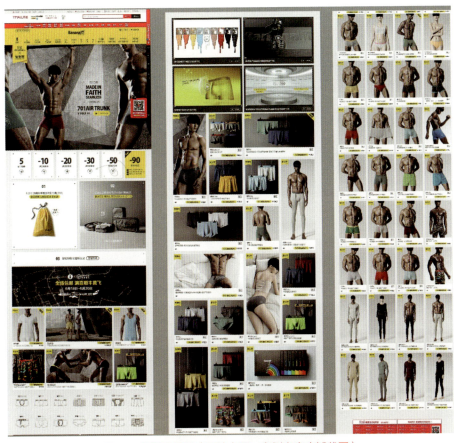

图3-2　首页示例图（图片来源：案例商家店铺截图）

3.1.1　店铺首页的作用

店铺首页在品牌形象传达、店铺活动传达、店内流量疏导等方面起着重要作用。

1. 品牌展示作用

店铺的品牌形象是通过店铺的整体视觉传达给消费者的，而店铺首页是消费者对店铺形成第一印象的重要区域，是消费者在整个店铺当中访问量非常高的页面。首页承担着传达品牌形象的重要责任。一般来说，天猫店铺中无论是平销首页还是活动首页都要注意品牌的呈现。

利用店铺首页宣传品牌时，通常会在文案中植入品牌的文化、理念等信息。

通过呈现品牌的名称、Logo等相关信息，让消费者在浏览商品或者广告图的时候增加对品牌的印象，如图3-3所示。

图3-3　品牌信息植入（图片来源：案例商家店铺截图）

在上图中，有品牌名称、Logo的植入、"聚蕉"文案的使用，紧扣品牌主题，呈现效果较好。

利用店铺首页宣传品牌时，通常会将品牌元素融入其中。

品牌元素包含字体、图形以及色彩等，在品牌的视觉表现中，还包括了品牌诉求点、品牌文化底蕴等内容，如图3-4所示。

图3-4　品牌元素在模块中的呈现技巧（图片来源：案例商家店铺截图）

图3-4是案例店铺首页的其中一个模块，我们仍然能从"匠人精神""裂帛女鞋"等文案感受到浓浓的品牌信息。再比如我们所熟知的三只松鼠品牌，看到三只小松鼠的形象就会自然联想到该品牌，也是品牌元素呈现的技巧之一。

广告图或者模块呈现的时候可以融入并使用品牌VI的部分内容。

例如：色调、Logo、Slogan、品牌文化元素等，去强化品牌信息的传达。模块内既结合了Logo和Slogan，又做了分类等信息衍生，如图3-5所示。

图3-5 模块内品牌VI的呈现（图片来源：案例商家店铺截图）

广告图内品牌信息呈现如图3-6所示。

图3-6 广告图内品牌信息呈现（图片来源：案例商家店铺截图）

2. 流量疏导作用

店铺首页的流量非常大，包含了店铺搜索、收藏访问、直接访问、从首页到其他页面等等。首页上的活动入口、分类导航、商品陈列、搜索模块等都是疏导流量的方式。合理的疏导首页的流量，可以有效地降低整个店铺的跳失率。

利用店铺内导航模块，让客户快速找到目标商品。合理设置分类导航可以把流量精准引导到目标商品或者页面，如图3-7所示。

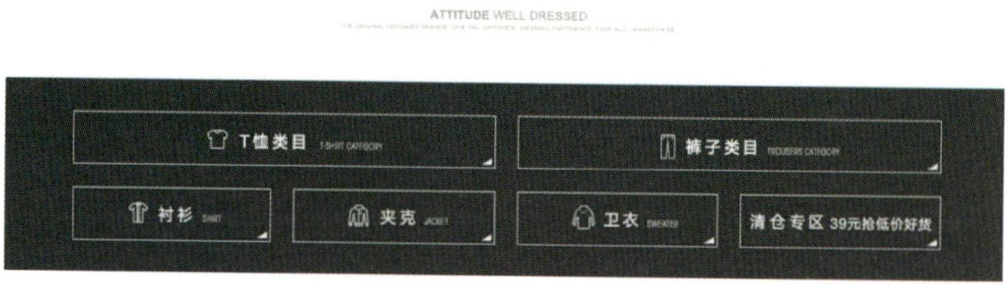

图3-7 分类流量疏导示例（图片来源：案例商家店铺截图）

利用图片的陈列摆放技巧，突出重点商品，刺激消费者购买，从而把流量导向陈列的单品详情页，如图3-8所示。

图3-8 产品陈列模块流量疏导示例（图片来源：案例商家店铺截图）

通过广告图从首页把流量导向广告图呈现的活动页面或者单品页面，如图3-9所示。

图3-9 广告图模块流量疏导示例（图片来源：案例商家店铺截图）

3. 活动宣传作用

常见的活动宣传有单品活动宣传和整店活动宣传，主要是吸引客户关注店铺活动进而购买或收藏店铺、商品单品活动宣传如图3-10所示。

图3-10　单品活动宣传示例（图片来源：案例商家店铺截图）

整店活动宣传如图3-11所示。

图3-11　整店活动宣传（图片来源：案例商家店铺截图）

4.提升客户体验

店铺首页不仅能从视觉上传递店铺品牌，也能从细节上提升客户体验，常见的提升客户体验的内容模块有：分类导航模块、在线客服咨询模块、店内搜索功能模块等，设计呈现中也可以组合使用，比如客服中心和店内搜索的组合模块，如图3-12所示。

图3-12　客服中心和店内搜索的组合模块（图片来源：案例商家店铺截图）

比如抽奖模块能够提升页面的趣味性体验，如图3-13所示。

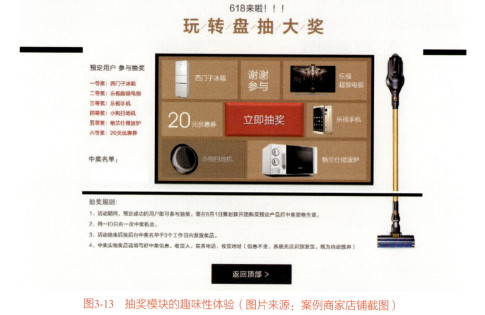

图3-13　抽奖模块的趣味性体验（图片来源：案例商家店铺截图）

页面中提升客户体验的模块还有很多，大家可以在设计中多维度思考提升客户体验的细节，增加客户粘性，有利于提升店铺的转化及复购率。

3.1.2　PC端店铺首页模块

合理的规划首页模块，形成流量闭环，可减少店铺跳失率，增加店铺成交额。接下来我们对PC端店铺首页的具体模块的设计做区分讲解。

1. 店招模块

店招是整个店铺里面曝光量最大的一个板块，不管从哪个流量入口进来，都会最先看到店招，所以这是一个非常重要的模块。一般我们设计店招时，会通过店招展示店铺的名称、品牌的Logo、品牌广告语及相关功能性内容呈现品牌定位、产品定位、店铺竞争优势等信息，如图3-14所示。

图3-14　通过店招传达品牌、广告语等信息（图片来源：案例商家店铺截图）

活动型店铺一般通过店招传达产品信息和优惠促销活动，如图3-15 所示。

图3-15   通过店招传达品牌、产品信息和优惠促销（图片来源：案例商家店铺截图）

通过店招进行流量引导及提示收藏等功能性内容，可以方便消费者收藏、搜索，提高客户体验。建议将店内搜索放在店招中，方便消费者完成店内搜索，预防跳出，如图3-16所示。

图3-16   通过店招传达品牌信息及优惠促销、收藏和搜索模块（图片来源：案例商家店铺截图）

以上是常用的店招规划技巧，店招是整店展示的，考虑展示内容和功能之外，还要考虑店招和整店风格的统一。

2. 导航模块

导航的作用是把店铺的流量合理地分配到不同的商品或者页面。

导航模块的产品分类信息，如图3-17所示。

图3-17   导航模块的产品分类信息（图片来源：案例商家店铺截图）

导航中的产品分类展示，可以让消费者快速找到目标产品，缩短购物路径。假设导航里没有分类，只有"全部分类"，这样用户必须展开才可以找到自己想要的产品，无疑延长了购物路径，不利于用户体验。

如图3-17所示，导航还可以引导至会员页面、品牌故事页面等，方便消费者获取更多店铺信息。

导航还可以添加自定义链接，如图3-18所示。

图3-18　导航的自定义链接功能（图片来源：案例商家店铺截图）

一般来说，我们会通过导航的自定义链接指向站内的其他店铺或单品，以达到两个店铺流量共享、联合营销的目的，上图导航中的莲灿系列指向的就是另外独立的莲灿旗舰店，并非店内的页面。要注意的是，此处链接不能指向站外，天猫店也不能链接指向淘宝集市店铺。

一般来说在构思导航呈现时还应遵循以下几个原则：

- 原则一，导航中分类的数量不宜过多；
- 原则二，导航文字简洁明了；
- 原则三，促销类、应季类的导航应重点突出；
- 原则四，充分考虑到产品的各个属性，从用户的角度做多维度的导航分类；
- 原则五，避免出现无内容的空分类。

导航模块常见问题：

- 搜索框：与店招搜索二选一；
- 收藏、关注的添加：增加复购率；
- 品类分类：主推的标签要重点突出（字体颜色差异、加粗，或者添加醒目标签等）。

3. 首屏广告图

首屏广告图通常展示在导航的正下方，如图3-19红色圈中部分所示。

图3-19　首页的首屏广告图模块（图片来源：案例商家店铺截图）

首屏广告图和其他位置广告图并无制作方式上的差异，因展示在消费者进店看到的第一屏，此处广告图片构思及设计上要更加重视。在具体讲解之前先来了解一下店铺运营关注的首页倒三角流量构成和视觉方向要遵循的一屏论原则。

1）倒三角流量构成

我们在查看店铺热力图时会了解到页面长度和用户对页面注视点的关系。用户在关注一个页面时，上面的关注点会比下面的关注点多很多，越往下关注点越少，流量此时在页面的表现就好像一个倒三角，上面很多、下面越来越少。所以在设计首页布局时，一定要把重要信息放在页面最上方的位置，以确保重要信息阅读到达率。

2）首页布局"一屏论"

设计页面时，要确保当消费者在电脑屏幕或者手机屏幕上浏览页面时，在一整屏的宽度高度之内将你想表达的重要信息展示完整。就好比读书时，我们希望一句话一次说完，不是说了一半就停顿了，这样的体验并不好。页面视觉也是同样的道理，在一屏之内把内容表达完整，这就是我们说的页面布局中的一屏论。可以是一张完整的广告图，也可以是一个完整的模块等等。

值得注意的是，现在有很多店铺的促销区图片，在设计师的屏幕上看很完整，效果也不错，可是消费者浏览体验并不好，这是因为通常设计师用的是大屏幕，分辨率很高；可是实际浏览者很多还是用的小屏幕，分辨率只有1024px×768px，这样他们就只能看到促销区的一部分图片，必须要在第二屏才能看全。

在这里设计师要特别考虑各种显示分辨率所看到的效果，以及目标客户群的显示器使用习惯。一屏论案例如图3-20所示。

图3-20　一屏论案例（图片来源：案例商家店铺截图）

我们设计首屏广告图之前要结合流量构成及页面视觉的一屏论特点，将重要信息在一屏内展示完整。从信息内容呈现上可以分为新品广告图、日常活动广告图、节日活动广告图、天猫平台大促广告图等。

新品广告图，如图3-21所示。

图3-21　新品广告图案例（图片来源：案例商家店铺截图）

日常活动广告图，如图3-22所示。

图3-22　日常活动广告图案例（图片来源：案例商家店铺截图）

节日活动广告图，如图3-23所示。

天猫平台大促广告图，如图3-24所示。

4. 产品分类

前面说到首页第一屏要传递品牌及最重要的信息，如果客户第一眼喜欢，那么就会直接点击图片查看对应链接页面或者产品，当然也很有可能继续往下拉，浏览页中部分，这个时候产品分类就起到了非常关键的流量疏导作用。

产品如何分类？可以按销量、新品、价格、收藏、品种系列、口味、功效等等，也可以在分类中加入店铺活动相关信息，比如特价专区、包邮专区、清仓、新品、断码等等，这些不同的分类维度呈现都能让客户能够快速检索到自己想要的产品。

分类产品的视觉呈现形式，可以是图片形式，也可以是纯文字形式，主要是配合页面设计风格和模块搭配的美观度。图3-25所示为图片型分类模块。

图3-25　图片型分类模块（图片来源：案例商家店铺截图）

图片和文字结合型分类模块，如图3-26所示。

图3-26　图片和文字结合型分类模块（图片来源：案例商家店铺截图）

文字型分类模块，如图3-27所示。

上装　　下装　　所有　　鞋包

图3-27　文字型分类模块（图片来源：案例商家店铺截图）

分类视觉呈现技巧如下：

分类原则：方便消费者以最短的时间找到想要的产品。

提供至少3种以上分类方式（比如按价格、按销量、按人气）。

分类不是越多越好，不要出现无宝贝的分类。

很多店铺刚开业时，为了体现自己家的东西很多，进行了很多分类，虽然这些分类里面都会有产品，但是这些产品目前都还没上线，这样给消费者的感觉？肯定不好！一定要注意，要有精准、有效的分类。

要有客服、店内搜索。

万一通过以上方式客户还是找不到自己想要的商品怎么办？可以搜，搜不到还可以找客服。

如果首页过长，那么建议在第三、五、八屏放分类。

为什么要这样放呢？这和商城的购物体验是一样的，我们进入商城后在每一层的楼口都会看到一个导购牌，如果只在一楼放导购牌，每上一层忘记下面卖什么了，还要跑下来看，这样就很不方便了。

5. 产品陈列

产品陈列模块也是首页流量引导的重要模块，和分类模块不同的是，分类模块把流量引导向分类页面，而产品陈列是把流量直接引导至产品详情页。系统给到的产品陈列方式分自动推荐和手动推荐两种，自动推荐可以按照产品分类、价格区间、关键字索引等条件自动进行匹配分类，手动推荐是完全按照自己的需求去点击选择产品放入模块，不需要系统按条件进行匹配。

当然我们还可以设计个性化的产品陈列，在自由设计当中，我们可以不受系统模块的限制，对模块的版式、文字使用、色彩等进行更好地把控，有利于视觉美观度的呈现。下面我们通过案例感受一下，如图3-28所示。

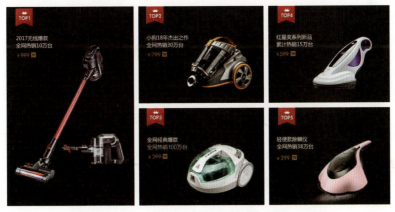

图3-28　背景色、标签、展示方向一致的产品陈列（图片来源：案例商家店铺截图）

风格色调统一的产品陈列，如图3-29所示，中国风浓郁，整体色调统一和谐，非常漂亮。

图3-29　风格、色调统一的产品陈列（图片来源：案例商家店铺截图）

展示区域大小不同，区分重点的陈列方式，如图3-30所示。

图3-30　用区域大小区分重点的陈列方式（图片来源：案例商家店铺截图）

当然，产品陈列要从拍摄抓起，如果拍摄不统一，就会造成后来图片处理及店铺装修时很麻烦。产品陈列时要注意，从视觉上做到每一屏都要有重点推的宝贝。

6. 搜索模块

搜索的主要作用是对流量的精准引导，缩短客户购物路径。搜索框推荐放在店招或导航条上，这两个位置二选一，页中区域也可以根据需要适当放置，以达到对需要特定产品的消费者进行引导。

页头部分的搜索框，如图3-31所示。

图3-31　页头部分的搜索框（图片来源：案例商家店铺截图）

页中部分的搜索框，如图3-32所示。

图3-32　页中部分的搜索框（图片来源：案例商家店铺截图）

和客服中心结合的搜索框，如图3-33所示。

图3-33　和客服中心结合的搜索框（图片来源：案例商家店铺截图）

搜索模块要注意的是预设关键词和推荐关键词，可以按设置的关键词对消费者进行有计划地引导。预设关键词常为主推商品的关键词，作为默认项显示在文本输入框内；推荐关键词常为最近一个月内消费者在店铺搜索量较大的关键词，显示在文本输入框的下方或者右方。消费者可直接点击推荐关键词省去手动输入。

7. 客服模块

在线客服模块也可以分成两种：

第一种是系统自带的模块。可以实现在线时间、售前/售后客服设置等功能，在此模块中，售前作用是通过询问导购接入，售后作用是通过咨询售后接入。请注意，要有客服工作时间告知等，如图3-34所示。

图3-34　系统自带的客服模块（图片来源：案例商家店铺截图）

　　另一种是在首页的分类导航、悬浮窗口、页尾等位置放售前及售后链接，以提高客户体验。可以根据店铺风格设计个性的在线客服模块界面，再使用"旺遍天下"页面生成旺旺在线代码并编辑到模块当中。自行设计的在线客服模块，可以很好地融入店铺风格，并且根据需要调整在线客服的数量，如图3-35和图3-36所示。

图3-35　页尾部分的客服设置（图片来源：案例商家店铺截图）

图3-36　和搜索模块结合的客服中心模块（图片来源：案例商家店铺截图）

设计在线客服模块时需注意以下几点：

- 第一，在线客服的数量不宜过少。通常一个客服对应一个旺旺，旺旺数量越多也就意味着客服越多。商家需要通过旺旺的数量，给消费者"具备实力服务团队"这样的认知。
- 第二，在线客服的名字亲和力要强。在给客服旺旺取名时，要尽量避免使用类似于客服一号、客服二号这样的名称，如图3-37所示，消费者需要的是跟我们进行交流互动，而和类似机器人名字的旺旺对话，亲切感不强，用户体验不好，具有亲和力较强的旺旺名会拉近和消费者的距离。

图3-37　客服命名不够人性化（图片来源：案例商家店铺截图）

- 第三，售后客服不宜过多，不建议设立投诉旺旺。有时售后客服多暗示产品质量不好，而设立投诉旺旺也有暗示服务不到位的嫌疑。对于商家来说，几乎所有的问题都是可以通过售后解决的，商家需要提升的是服务意识，而非投诉入口，当然商家也可以根据自己店铺的实际情况自行斟酌。

8. 页尾模块

底栏的主要作用是再一次挽留客户和解决客户困惑的快速通道。

如果客户看到最下面还没有找到自己想要的产品，商家可以通过底栏的分类导航再次提醒消费者，我们还有哪些产品；同时，还要把客户最关心的问题、公司品牌、帮助中心、关于色差等内容放在底栏。底栏的内容一般包括以下内容：

- 购物须知：信息传导，引导自助购物，规避购物纠纷；
- 收藏：增加复购；
- 返回顶部：降低跳失率，店内循环流量；
- 旺旺：接入导购咨询；
- 活动告知：最后引导，降低跳失率；
- 友情链接：资源互换；
- 分类导航：精准分流。

页尾模块示例如图3-38所示。

图3-38　页尾模块示例（图片来源：案例商家店铺截图）

9. 其他

除了淘宝系统自带的模块以外，商家还可以制作或者去购买一些相关的插件模块，来提升整体美观度。例如常见的优惠券模块、收藏模块、插件模块和游戏模块（成交地图、砸蛋、大转盘等）等。

1）优惠券

优惠券模块是为了配合店铺的促销活动存在的，一般会放置店铺显眼的位置，方便消费者查看和领取，有利于增加店铺的转化率和客单价。下面是几种常用的优惠券模块设计。图3-39是独自设立的优惠券模块，沿用了传统优惠券的视觉特点。

我们也可以依据店铺设计风格，把优惠券设计成个性化模式放到页面中，如图3-40所示，是随页面风格做的个性化优惠券模块，从色彩和版式上配合店铺风格，页面视觉美观度更好，效果更统一。

图3-40　依据页面风格确立的优惠券模块（图片来源：案例商家店铺截图）

2）收藏功能

在首页添加收藏功能，可以方便消费者在浏览后对店铺进行收藏，收藏后消费者在后台可以通过"已收藏"进店，商家一般把收藏功能加入在店招或者导航模块（二选一就好），或者加入客服中心模块、分类模块、页尾模块等等，收藏是维护老客户和增加店铺复购率的有效方式，收藏页面呈现如图3-41所示。

图3-41　收藏功能放在导航模块（图片来源：案例商家店铺截图）

也可以在后台订购游戏抽奖模块、砸蛋模块等趣味性模块，增加客户粘性和对店铺的趣味体验，如图3-42所示。

图3-42　游戏插件模块（图片来源：案例商家店铺截图）

以上是首页常用模块及设计规划思路，要注意的是，各个模块虽然设计思路不同、展示内容不同，但是它们都不是独立存在的，都是构成页面的一个部分，所以，设计时不但要构思单个模块的功能，也要考虑整体布局和页面协调性。

3.1.3　PC端店铺平销首页

平销首页是指店铺在没有参加任何天猫平台活动（如双十一、聚划算、618等）以及没有店内大型促销（如周年庆等）时的首页，也叫常规首页，如图3-43所示。

图3-43　平销首页示例图（图片来源：案例商家店铺截图）

页面设计之初，运营或视觉营销岗位要清晰首页的定位、产品结构及布局思路，按照店铺风格呈现、产品陈列做一个清晰的首页布局规划图，之后再逐步实施。

1. 平销店铺首页策划

如何提升平销能力，关键在于店铺定位，在定位中找到行业的差异化，然后赋予产品一种文化，从而形成自己统一的店铺风格。有了自己的风格，文案、设计就有了自己的调性，而不是一味靠促销文案来吸引消费者。平销首页的文案策划可以围绕店铺品牌实力、产品定位来组织文案。下面我们分别从店铺风格呈现、细分产品结构和常规店铺活动三个方面来具体分析策划的方向。

1）店铺风格呈现

首页的风格呈现是店铺风格的重要组成部分。在定位首页风格的时候，需要充分考虑到品牌因素及外部因素。主要有简约型、专业型、精美型、综合型、中国风、欧美风、日韩系等常见的风格类型。第1章讲过，通过品牌符号化、风格统一、基础色调、字体使用等来完成店铺风格的策划。

首页风格的呈现要注意：统一主色调、字体以及表达形式。其中色调和字体尽可能从企业VI应用延伸过来。使用VI体系中规范的色彩做主色调有助于建立品牌的调性，对宣传品牌形象非常重要。在文字选择上，首先建议沿用VI体系，其次才是根据具体的用途选择合适的字体。如店铺或品牌尚未建立VI体系，设计师在选择字体时要考虑到字体的内涵以及品牌相关的问题。

2）细分产品结构

在做产品陈列之前，要先梳理产品结构，通常将线上商品结构分为：引流款、利润款、活动款、形象款。

- **"引流款"** 顾名思义就是吸引流量的商品。既然是主推就必然是流量来源最大的商品。这部分商品的特点是毛利率趋于中间水平，转化率好，较竞争对手有价格或其他方面的优势，利于带来较多的免费流量。引流款一定是目标客户群体里面绝大部分消费者可以接受的产品，而非小众产品。

- **"利润款"** 顾名思义就是创造大份额利润的商品，原则上应该占商品结构中最高份额，占实际销售的最高比例。利润款应该是适用于目标客户群体里面某一特定的小众人群，这部分人追求个性，利润款商品突出的商品卖点及个性化迎合这部分小众人群的购物心理。利润款前期选款对数据挖掘的要求更高，我们应该精准分析小众人群的偏好，分析出适合他们的款式、设计风格、价位区间、产品卖点等多方面因素。

- **"活动款"** 顾名思义就是策划案中用于做活动的商品。首先要明确商家为什么做活动，为了清库存、冲销量还是品牌扩散？这三个诉求是截然不同的结果。

  - 第一个目的，清库存的方式，商品多半是一些陈旧或者尺码不全的款式，必

轻松搞定店铺视觉

然牺牲客户体验，此时低价是弥补客户的一个很好的方式。

- 第二个目的就是冲销量，这种情况下一般是基于平台成交额、部门的KPI、运营业绩指标等原因，此时商家要注意的是活动期间的客户体验，切勿因降价促销等原因使消费者对品牌产生负面的影响。

- 最后一个目的，就是让客户体验我们的品牌，这才是"活动款"应该产生的作用。活动款的选款应该是大众款，要让消费者看到基础销量的价格及活动折扣的落差，从而让消费者产生购物的冲动，因此需要一个较低的折扣。

- **"形象款"** 类似于珠宝店中见到的动辄价值连城的饰品。实用性未必很高，价格和档次必定是无与伦比的，一般摆在玻璃展台里做展示，而实际上却未必有成交，但正是这些商品提升了对店铺档次和品牌形象的认知。这就凸显出形象款的意义——让你驻足与期待，但高不可攀。形象款应该选择一些高品质、高调性、高客单价的极小众产品，形象款仅会占领产品销售中极小一部分，可以只保留线上商品处在安全库存中，目的就是提升品牌形象。

3）常规店铺活动

平销页面店铺活动都是常规促销或者新品，或者是活动预告，不会有大型促销页面气氛渲染等元素，平销首页的活动展示如图3-44所示。

图3-44　日常活动展示（图片来源：案例商家店铺截图）

活动预告展示，如图3-45所示。

图3-45　活动预告展示（图片来源：案例商家店铺截图）

2. 平销店铺首页布局

上面讲解了平销首页的规划部分，接下来看一下平销首页的具体布局。

1）产品陈列

流量款、利润款、活动款、形象款都分别陈列在页面的什么位置，是否需要展示在首屏广告图位置？区分好商品结构之后，能做到有据可依，比如活动页面上活动款要展示在页面靠上位置，以利于获得更多流量。作为平销页面，一般来说利润款要展示在流量款旁边，以利于利润的获得。形象款要有展示技巧，不占用大篇幅但是位置相对明显，提升店铺档次感。在此基础之上，区分一下主推商品、次推商品、关联商品，主推和次推商品一般是依据是否应季和是否新品区分，关联商品一般是搭配饰品或者清仓商品，如图3-46所示，此陈列模块同时具有按分类展示（根据型号的手绘图展示）以及区分重点展示，大家体会一下呈现效果。

图3-46　平销首页产品陈列（图片来源：案例商家店铺截图）

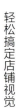

轻松搞定店铺视觉

2）视觉动线

　　动线的布局是保证视觉呈现效果的基石。视觉动线是指眼睛在阅读画面时，根据眼动仪记录的视觉移动所构成的方向及路径。视觉动线决定了画面构图的焦点以及摆放的位置与顺序。设计首页时，我们要把各个模块有意识地依据视觉动线设计，避免消费者的审美疲劳。常见的视觉动线有"Z"字型、"W"字型等，如图3-47所示，大图和小图的交错呈现，避免了视觉上的千篇一律同时动感十足，是典型的Z字型视觉动线。

图3-47　视觉动线示例图（图片来源：案例商家店铺截图）

3）流量路径

根据后台数据，可以清楚地知道消费者进店的路径，一般来说消费者进店的路径有如下几种：

- 单品进店，浏览单品之后进而进入首页查看；
- 直接搜索店铺品牌名称或活动页面进店。

根据流量路径可以分析出侧重装修设计的页面路径。所以在做页面设计时，店铺首页已经成了一个很重要的广告呈现位置，更多思考是怎样把进店流量向下一级页面疏导。在策划之初就要有流量路径的概念，在设计中有意识地在流量路径的各个节点引导消费者，达到提升店铺访问深度、提升最终店铺成交额的目的。

4）用户体验

用户体验除了页面视觉效果和品牌化呈现，更多体验是通过特定的功能性模块呈现的。

比如客服中心模块，常规店铺很可能凌晨时间没有客服在线，但是有个别店铺或者特殊类目是不同的。

比如成人用品类目，消费者在凌晨时间进店，此时很想找客服进行咨询，可是又不能确定店内客服的在线工作时间，此时客服模块中在线时间的设置就十分必要。

又比如店内搜索模块，商家设置好的预置关键词和推荐关键词，不需要消费者输入就能直接进行搜索，也是很贴心的模块。

这些小细节都能很好地提升消费者用户体验。

3.1.4　PC端店铺活动首页设计

在本节中，运营或视觉营销岗位要明确活动的主题、首页布局，做一个清晰的活动首页布局规划图，再逐步实施。活动首页案例如图3-48所示。

1. 活动店铺首页文案策划

在平销首页部分我们对页面设计风格呈现做了深入讲述，那么在活动首页策划中，当然也要注意风格的呈现，此处不再讲述，下面我们来看在活动首页部分，对于活动主题、活动内容、活动氛围和产品结构有哪些差异。

1）活动主题

活动主题是店铺运营活动的核心，整个活动的促销方案和页面设计以及客服人员话术及时间安排都是围绕活动展开的，比如店铺周年庆、年终大促、双十一大促、配合聚划算做整店大促等等，都可以是发起一次促销活动的主题，如图3-49所示，天猫6.18大促的首页活动主题展示。

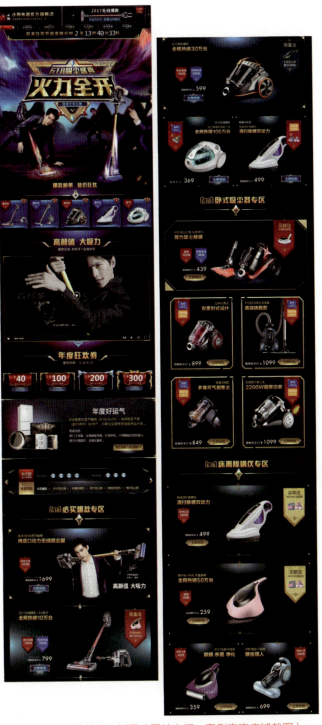

图3-48　活动首页示例图（图片来源：案例商家店铺截图）

图3-49　首页活动主题展示（图片来源：案例商家店铺截图）

2）活动内容

确定了具体的活动主题，接下来要确定活动内容，比如配合此次活动，店内有"满就减、满就送、满包邮、优惠券、老客户回馈"等等具体内容，此处要统一梳理——陈列，以便在后续页面布局及产品陈列中预留相应位置等，如图3-50所示。

图3-50　首页活动内容展示（图片来源：案例商家店铺截图）

3）活动氛围

活动氛围的营造一般通过对比强烈的色彩、夸张的口号及字号等渲染出火爆热烈的气氛，如图3-51所示。

图3-51 首页活动氛围营造（图片来源：案例商家店铺截图）

4）产品结构

在活动首页当中，仍然要有产品结构的细分及安排，但是在此处，活动产品要放在更显眼的位置，而且活动页面侧重的是成交，所以形象款相对靠后、引流款位置靠前，而且要注意加入引导标签，有利于快速成交。

2.店铺活动首页布局

1）产品陈列

在天猫平台大促以及平台活动时，侧重活动力度和爆款的展现，辅以利润款，以求成交和利润最大化。

在店内大促的时，侧重活动力度和新款的展现，以达到让老客户眼前一亮，快速成交的效果，如图3-52所示，两家店铺产品完全不同，呈现方式却有异曲同工之妙，大家体会一下。

2）活动首页流量路径

活动页面中，流量的路径有如下几种方式。

- 天猫平台大促活动时，流量主要来自于天猫活动平台、来自于店铺提前预热的老客户、其余来自于常规直通车、淘宝客及自然搜索等。
- 平台活动，比如聚划算、钻展等。活动流量主要来自于大促平台、店铺提前预热的老客户，其余来自于常规直通车、淘宝客及自然搜索等。
- 店内大型促销，以周年庆为例，流量主要来自于店铺提前预热的老客户，其余来自于常规直通车、淘宝客及自然搜索等。

轻松搞定店铺视觉

图3-52　活动首页产品陈列展示（图片来源：案例商家店铺截图）

我们知道在用户通过天猫大促平台及平台活动进店的时候，大部分流量是通过点击单品而且是初次进店。此种情况，首页应该将活动力度充分展现，同时流量引导至活动力度大的单品及口碑好的引流品页面，因为引流品本身就是迎合大众消费者的热销款，这样能最大力度地促成新用户成交。

另一种方式就是店内大型促销时候，重点是针对老客户群体，直接将链接推送给客户，此时做产品陈列，应侧重活动力度展示，侧重新品展示，这样才是针对老客户的大型促销活动的正确设计思路。

3）活动呈现

在活动页面中，不但要渲染整店活动气氛，同时要对活动呈现的更醒目、直观！如图3-53所示。

图3-53 直观明了的活动呈现（图片来源：案例商家店铺截图）

首页越长越好？

如果不能完全做到吸引受众，不要盲目追求过长的首页描述，如果能在一两屏内完整传达，短小精悍更合适。

所有模块都要塞满？

模块是否要全部使用，取决于产品是否需要这样的模块来进行层层递进。

热点添加注意哪些？

逐个点开查看，杜绝空链死链等，有助于提升用户体验。

3.2　天猫店铺PC端专题页设计

专题页也叫自定义页面，专题页可以归纳为多种类型，如：节日型、事件型、说明型、主题型、产品型、季节型等等。只要是被消费者关注的点，都可以是一个独立的主题来规划我们的专题页面。

相比首页来说，专题页可以专心只说一件事情，指向性更强。因为专题页本身就是从首页或者产品描述直接跳转来的，流量分流此时就不是首要功能，而是专心去说一件事，比如一个店铺活动、我的会员设置、我的品牌故事、我发起的事件等等，如图3-54所示。

图3-54专题页案例展示，有的能感受到浓厚的促销信息，有的能感受到浓厚的品牌文化，有的能感受到店铺对老客户的回馈与感恩，这些页面让消费者有参与感的同时，也完成了店铺想要的传递效果。

3.2.1　店铺专题页的作用

一般来说专题页有提升客户粘度和提升店铺转化率的作用。

1. 提升客户粘度

专题页可以实现提升客户粘性的作用。比如我们的VIP会员页面，会告知我们的客户购物额度次数和相对应的折扣。

对于多次购买的客户，给予积分活动、VIP会员折扣和生日特别关怀等，带给客户特权和荣耀的购物体验。再比如企业文化页面，传达企业正面信息的同时，更加深客户对商家的信任和认同，同样可以起到提升客户粘性的作用。

页面中的各种利益和特权的诱惑，对企业文化的认同和信任，这些都是用来吸引新客户、拴住老客户的方法，从而提升客户粘度。

2. 提升店铺转化率

既然专题页是专注说一件事，那必然事无巨细、淋漓尽致。首页给店铺活动做了广告宣传，通过首页的广告把被活动吸引的流量引导至活动专题页面，在此页面中，可以把活动中主推、次推、次次推、搭配品、清仓品、断码品等等一一呈现。

以此类推，同类型的还可以设计成新品上新专题页、折扣清仓专题页、换购专题页、超值套餐专题页等等。如此细致展示，自然可以提升活动中产品和整个活动的转化率。

图3-54　专题页案例（图片来源：案例商家店铺截图）

3.2.2　PC端店铺活动专题页

活动专题页很大程度上和活动型首页相似，同样侧重活动的传达，区别是活动型首页在侧重活动呈现的同时还要侧重流量向下一级页面的引导，而活动专题页是侧重事无巨细地把活动内容呈现完整、清晰、明了。

在页面规划上细分为活动主题、活动内容、活动氛围、产品结构、产品陈列、流量路径、活动呈现等。此处流量路径有差异，不需要向下一级页面疏导流量。下面我们通过案例店铺首页和新品上新专题页来比较一下首页和活动专题页的相同和差异，如图3-55所示。

可以看出，从活动主题、活动内容、活动氛围、产品结构、产品陈列、活动呈现的方式上没有太大区别，可是首页因为要侧重整店流量的引导，所以店内活动、产品分类、产品呈现很全面但并不具体，这是因为页面篇幅有限所以每个部分都没办法呈现得全面具体，而专题页优势就在于把全部的新品及相关促销事无巨细都呈现出来，这样的页面呈现方式无疑大大提升了被新品吸引的客户群的转化率。

下面我们细分一下区别和联系：

1. 活动专题页的文案策划

在活动专题页策划中，同样也要注意风格的呈现，注意和店铺风格的统一，下面我们来看在活动专题页部分，对于活动主题、活动内容、活动氛围和产品结构有哪些差异。

1）活动专题页的活动主题

活动主题自然是店铺运营活动的核心，需要注意的是活动专题页要和首页呈现的主题相呼应，做到店内活动主题统一。

2）活动内容

活动专题页面可运用篇幅更大的优势，可以把活动的各个内容，比如"满就减、满就送、满包邮、优惠券、老客户回馈"等等具体内容，事无巨细地做出陈列。

3）活动氛围

活动氛围的营造要配合活动主题，一般通过对比强烈的色彩、夸张的口号及字号等渲染出火爆热烈的气氛。

4）活动专题页产品结构

在活动专题页当中，仍然要有产品结构的细分及安排，活动专题页侧重的是成交，所以形象款相对靠后、引流款位置靠前而且要注意引导标签的加入，有利于快速成交。

2. 活动专题页页布局

接下来看一下活动专题页的布局呈现。

轻松搞定店铺视觉

天猫

图3-55　首页（左）和专题页（右）对比图（图片来源：案例商家店铺截图）

1）活动专题页产品陈列

和活动首页一样，在天猫平台大促以及平台活动时，侧重活动力度和爆款的展现，辅以利润款，以求成交和利润最大化。

2）活动专题页流量路径

专题页的流量路径和其他页面不同，通过进店流量的引导到达活动专题页，而进入专题页之后，下一级引导就是单品页面了。由此设计中要有意识地对流量向单品页面导流。

3.2.3　PC端店铺品牌故事页面

品牌需要故事，就像一个有魅力的人有传奇经历。品牌故事的作用就是建立品牌信任，信任是产生交易的第一要素。情感是促进传播效果的重要因素，故事正好具备情感的特点。品牌故事就是以品牌为核心，对品牌的创立或发展历史进行故事化讲述，从而将与品牌相关的时代背景、文化内涵、经营理念等信息进行深度展示。

品牌故事是使用率最高的专题页面类型之一，用一个独立的页面讲述品牌自己的故事，同时也是企业文化和理念的传达。比如裂帛的品牌故事页面，从品牌简介、品牌文化以及品牌公益等都有呈现，让消费者感觉不只是买和卖的关系，而是一种文化和温暖力量的传达，如图3-56所示。

品牌故事页面最常用的四大模块：品牌简介、品牌文化、品牌发展、品牌愿景。

品牌简介是让消费者更深层地认知品牌想要传达的内容，一般包括品牌内涵、品牌理念、品牌主张、设计理念等内容，如图3-57所示。

通过品牌的简介和品牌文化的传达提升品牌价值是品牌管理要素中最为核心的部分，也是品牌区别于同类竞争品牌的重要标志、提升商品溢价空间的核心要素。品牌文化的传达或许不能直接促成订单交易，但做足内涵才能更深入消费者心理层面需求，记住品牌。

品牌文化部分模块如图3-58所示。

再比如，下面案例店铺中，专题页名字叫"读阅"，本是服装销售的店铺却是用独立页面去分享书籍的读后感悟，如此看似顾左右而言他的方式，无疑会让品牌理念、主张和文化更深入人心，如图3-59所示。

品牌发展是指品牌不断成长的过程。在页面中展现品牌的诞生、发展历史、一路走来的大事件、公司荣誉等等，都是为了证明某品牌、某公司的严谨正规性，使消费者放心购买商品，如图3-60所示。

品牌愿景是指一个品牌为自己确定的未来蓝图和目标，向人们告知品牌今天代表什么？明天代表什么？一般由品牌蓝图、品牌范围、品牌价值观等内容组成。

图3-56　品牌故事专题页案例（图片来源：案例商家店铺截图）

图3-57　品牌故事之品牌简介（图片来源：案例商家店铺截图）

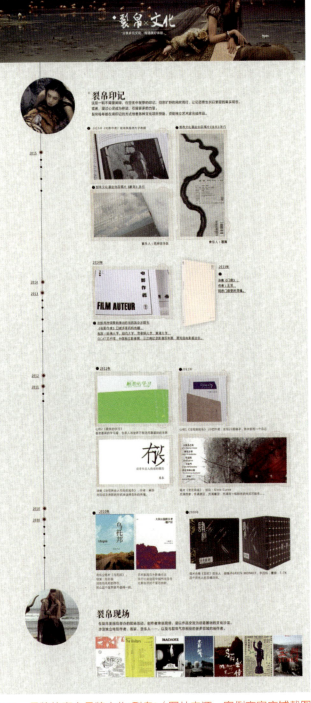

图3-58　品牌故事之品牌文化[裂帛]（图片来源：案例商家店铺截图）

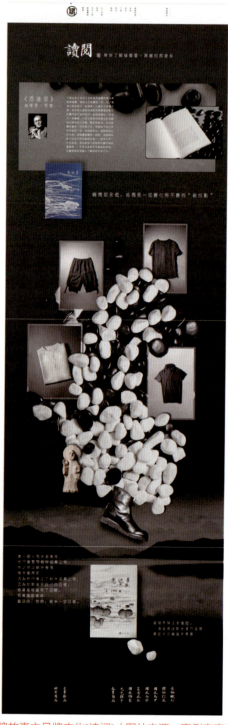

图3-59　品牌故事之品牌文化[读阅]（图片来源：案例商家店铺截图）

二、茵曼大事记

1998年

公司创始人方建华先生南下广州，凭借做贸易业务赚得的第一桶金创立了今天汇美服装的前身"广州市汇美服装厂"，从2人扩张到280人的规模只用了一年时间。

2005年

4月，方建华先生在原广州汇美服装厂的基础上改革转型成立"广州市汇美服装有限公司"，并于当年入驻阿里巴巴B2B国际业务，成为广州首位经营电子商务企业、淘珠区第一家网眼用户，造就了"汇美"原创品牌的历史起点。

2007年

7月，公司董事长方建华先生敏锐觉察到电子商务的机遇，在广州创立"茵曼"品牌；

2010年

6月，茵曼正式发布"棉麻艺术家"广告语，标志着茵曼品牌发展定位又迈进了历史性一步。

11月，"天猫双11"茵曼以660万的日销售业绩位列淘品牌女装前三名；

2011年

2月，茵曼模特造型"麻花辫"正式发布，并先后推出品牌表情、茵曼字体等茵曼品牌视觉形象，茵曼品牌造型标识化、品牌形象视觉标准化的表现方式，已经成为茵曼品牌标识化升级的战略举措，成为行业首创。

7月，"茵曼百万寻TA"服装设计大赛启动，得到超过300万网民的关注，近1000名原创设计师报名参与，在电子商务领域掀起女装品牌的原创风潮，凭借主题营销的出色策划和运作整合能力，本次一举夺得"2011淘宝创意年度营销案例金奖"。

9月，"茵曼·棉麻艺术家"被评为全球十佳网商30强品牌。

11月，茵曼参加当当网12周年店庆，取得了非凡的销售业绩。"茵曼·棉麻艺术家"在双十一大促"天猫购物狂欢节"中，以1787万日销售额超越传统品牌，位居天猫女装品牌榜首。

2012年

6月，广州市汇美服装有限公司党支部正式成立，标志着汇美在区域互联网零售品牌企业的地位得到当地政府的一致认同。

7月，茵曼线上品牌忠实顾客群突破70万，活跃顾客贡献值占29%，茵曼品牌价值和影响力得到进一步的提升。

7月下旬，茵曼第一份品牌月刊《石茵》正式出刊，更大的提升了茵曼品牌形象和用户归属感，并得到天猫官方的首肯。

8月，茵曼首部微电影《四年，是一种病》首发，该片作为天猫原创首部微电影引起天猫官方和行业关注；入选优酷原创TOP10原创微电影。

8月，茵曼四周年庆"黄悦72小时"营销活动落幕，四天取得1100万的销售业绩，真正为茵曼顾客营造了一场"玩乐"盛会的营销盛宴。

11月，茵曼品牌广告片"听心的呼吸、寻梦的方向、触幸福的质感"登陆江苏卫视黄金档，此举是茵曼作为互联网女装零售品牌深耕细作品牌文化的战略举措，为茵曼消费群带来更深刻更具棉麻文化的时尚旋风。

11月，天猫双11购物狂欢节，茵曼以单日销售额7000万刷新品牌历史纪录，订单交易量达33笔，成功让入场超过294万人次。茵曼品牌双11的成功也验证了"棉麻生活家"战略的成功。11月在天猫11@结合线上天猫官方赋予了茵曼"淘品牌领军者"的殊荣。

2013年

1月，华南网商年会评选广州市汇美服装有限公司为"卓越网商"。

4月，茵曼品牌强势登陆上海时装周，茵曼首次在线上呈现原创设计作品，尽显本土原创设计势力，开创了中国网络女装品牌进入主流时尚圈的先河。

4月，雅安地震，茵曼紧急发起"为雅安加油"总动员，捐赠价值近150万元4000余件的服装，动员员工捐款捐物2.3万元，同时，4月份四川雅安地区茵曼订单全部免单，茵曼天猫淘宝店页面挂上重基金BANNER，为灾区送上爱与温暖。

5月，2013景观电子商务行业之星：最具潜力电子商务模式。

6月20日，"茵曼·棉麻传递爱"包裹特送活动正式启动，这是茵曼家人与茵符亲密接触的最佳机会，让相知已久却素未谋面的我们实现了零距离的沟通与交流。

8月，茵曼五周年微电影《幸福方程式》全球首发，人们总把幸福看得太远，其实幸福就在眼前。本片以一个小女孩的成长经历,向网友们描述了生活中那些朴实的点滴之爱、幸福之源。它是父母的呵护、陪伴、牵挂，它是爱人的关怀、祝福、相伴，它更是孩子那天真灿漫。

11月11日，茵曼当日销量突破1.2亿，成为双十一全网销量第一女装品牌。

12月，茵曼、裂帛、阿卡三大淘品牌"光复爵

身双十一推广"联合获得金麦奖2013年女装类日金奖，茵曼的双十一故鸽子项目获入围奖。

12月，茵曼品牌创始人及CEO方建华获得第五届中国电商高峰会"2013电商杰出人物"。

2014年

2月，茵曼和心灵治疗作家素黑合作的"爱自己"服饰系列见面会。

3月，茵曼与歌琳尔打响三八品战，掀起跨品类联合效应。

3月，茵曼触电大屏幕 牵手《同桌的你》忆青春

6月，茵曼携手王丽坤 启动明星送惊喜活动

6月，茵曼以"最好的工作，最美的生活"为主题，10万酬劳招募到一位作家及漫画家作为"出走云南"的践行者，正式启动5天云南慢生活体验之旅。

6月，茵曼借势打造超级"码"抢占移动端入口

8月，茵曼携手女神的新衣 试水娱乐营销

9月，阿里上市，茵曼成为其招股书中唯一的女装案例。

10月，茵曼全球首个"向日出say hi"云端发布会预热双十一

11月，茵曼所在汇美集团双十一当日业绩突破1.85亿

12月，茵曼斩获电商"奥斯卡"金麦奖全场大奖、金奖等众筹奖项

12月，茵曼品牌创始人方建华新书《慢生活，快生意》上市

图3-60　品牌故事之品牌发展（图片来源：案例商家店铺截图）

品牌愿景可以是这种，如图3-61所示。

在与集云相识的同时
你能感受到集云的真切思考与行为理念

希望唤醒你在当下环境中生活而被阻滞的情怀
生活应该是多变而自由的
可以抛却所有繁重的压力
或漫无目的地旅行
或悠闲自得地放空
回想真正的自己，放眼中国
从而获得精神上的富足

图3-61　品牌故事之品牌愿景1（图片来源：案例商家店铺截图）

也可以是这种，如图3-62所示。

图3-62　品牌故事之品牌愿景2（图片来源：案例商家店铺截图）

无论怎样，要让消费者感知到品牌值得信赖。

品牌故事模块的设计还可以从以下方面去思考：

1. 品牌的发源

提到品牌的发源，很多人说：我不是百年老字号，没有几百年的历史，也没有讲得出的渊源，怎么办？

其实即使是新品牌，商品的品类一定是有历史和故事可讲的。

比如茶叶品牌，那就可以说一说茶的品种及产地的历史。如果是不具备这种历史底蕴的东西。

比如童装，那么可以说一个感人的亲子故事。

比如某品牌的饮用水，笔者就是因为它讲了一个在古代欧洲一个小公主和数学学者之间凄美的爱情故事，知道并记住了这个品牌。

2. 创始人的历程

同上，既然是个新品牌，那么创始人未必有传奇的事迹，可以通过创始人努力认真的创业说起，这个时代从来不缺噱头，缺的或许是一种匠人精神，如果你有，那刚好。

3. 背书

品牌为了增强其在市场上的承诺强度，通常会借用第三方的信誉，第三方以一种明示或者暗示的方式来对品牌的承诺作出确认和肯定。这种品牌营销策略，我们称其为"品牌背书"。

通过品牌背书，被背书品牌对于消费者的先前承诺再度被强化，并与消费者建立一种可持续的、可信任的品牌关联。

4. 企业荣誉

企业荣誉指企业获得的来自社会和公众的奖项与赞许，包括政府组织机构评选颁发的各类奖项、媒体和市场研究机构的奖项、公众通过正式和非正式渠道对企业的赞许。企业荣誉是品牌口碑的重要表现形式，对品牌的最终影响还取决于品牌对企业荣誉的宣传程序、媒体参与度、公众认可度等。企业荣誉是可测量的品牌口碑指标。

5. 资质检测证书

专业权威的资质检测证书可以提升消费者对产品的信任程度，最好是扫描件，不建议拍摄更不要处理图片，此时真实是第一位的。

6. 媒体推荐

电视广告中，我们经常能听到某某媒体推荐，这可以提升用户对品牌的信任感。如果企业品牌曾有这样的机会和经历，别吝啬写进品牌文化里。

7. 明星推荐

现在是一个网红、明星粉丝经济的时代，如果有明星推荐相信你的品牌一定可以大卖。某澳洲品牌的VE面霜，由于网络疯传是某知名女星使用，于是瞬间所谓某某明星同款销量火爆，由此可见明星推荐和代言，对品牌的知名度提升大有裨益。

8. 在页面中呈现承诺与实力

我们可以体现如下几个特征：

- 材质工艺；
- 服务理念；
- 办公、仓储环境、实体店。

9. 诉求

品牌也就是愿景部分我们还可以用如下几个方式去呈现：

- 生活主张；
- 设计师感悟；
- 公益召唤；
- 社会责任。

3.2.4 PC端店铺VIP会员页面

会员页面设计中要考虑VIP会员的特性，体现出会员尊贵身份象征，通常根据顾客在店铺中消费的金额、次数或者累计积分，把会员分成不同的等级，例如黄金会员、铂金会员、钻石会员等等级别，所以在做页面设计的时候，把不同会员等级划分开来，通过视觉让顾客知道不同等级的会员享受不同的尊享特权，如图3-63所示为VIP会员页面。

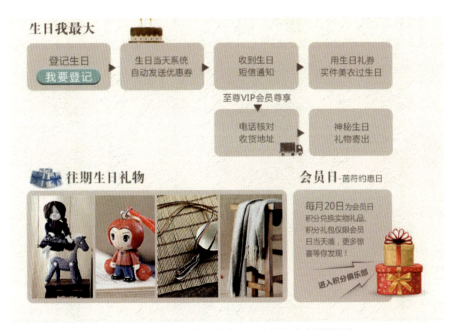

图3-63　会员页面1（图片来源：案例商家店铺截图）

　　页面中为了激励老顾客消费，要把价格降低或者折扣力度增大，比新顾客更享受特权优惠，体现出等级身份的尊贵性。另外还要把阶梯式积分策划缜密，让顾客感觉到通过努力可以上升一个会员级别，享受额外的礼品，如图3-64所示会员页面。

图3-64　会员页面2（图片来源：案例商家店铺截图）

老带新会员制度，可以理解成淘宝客的营销思路，在页面中多多展示老带新有福利，例如利用大大的福袋体现出诱惑性，或者利用礼品图片及其他方式的诱惑，促使老顾客带新顾客，从而扩大店铺的消费群体。

3.3 天猫店铺商品主图

天猫店铺商品主图是指通过天猫（http：//www.tmall.com）主搜入口搜索关键字以后，在搜索结果中展示的产品图片或通过天猫（http：//www.tmall.com）类目搜索展示的产品图片。

3.3.1 商品主图的重要性

一般来说消费者进入商品详情页后首先看到的是主图，然后是价格→评价→看详情，如图3-65所示。

图3-65 消费者浏览路径（图片来源：案例商家店铺截图）

主图的作用非常重要，商家应该在不违背天猫主图规则的提前下，尽量精细化设计好5~6张主图，确保消费者看完主图就能够知道宝贝的核心卖点是什么。

3.3.2 商品主图的规划及逻辑

下面通过一个案例的讲解来深入了解商品主图应该如何规划布局。

第一张主图是淘宝搜索主图，根据天猫居家用品行业标准中产品发布规范，居家用品行业中第一张可以自定义设计，案例主题图片传达了该产品的卖点"清新条纹款 特大5件套"以及"2套减10，3套减20"这样的促销点，如图3-66所示。

第二张主图按照天猫规范要求不允许出现图片留白、拼接、水印，不得包含促销、夸大描述等文字说明，该文字说明包括但不限于"秒杀、限时折扣、包邮、×折、满×送×"等。此图片多为白底高清商品图，如图3-67所示。

图3-66　第一张主题示例（图片来源：案例商家店铺截图）

图3-67　第二张主图示例（图片来源：案例商家店铺截图）

第三张主图清晰呈现了产品规格，做到图片详情页化，如图3-68所示。

第四张主图做了产品的使用场景化呈现，让消费者更有产品使用的代入感，如图3-69所示。

图3-68　第三张主图示例　　　　　图3-69　第四张主图示例

（图片来源：案例商家店铺截图）　　（图片来源：案例商家店铺截图）

第五张主图仍然使用场景图，其实和第四张主图内容重复了，有点浪费位置，按详情页的思路，此处应该着重呈现产品优质细节或者打消疑虑而建立信任。原图如图3-70所示。

第五张图可以替换为详情页中呈现产品高品质的细节图，如图3-71所示。

图3-70　第五张主图原图
（图片来源：案例商家店铺截图）

图3-71　第五张主图换图推荐1
（图片来源：案例商家店铺截图）

也可以使用资质证书类，增加消费者对产品的信任并提升转化，如图3-72所示。

图3-72　第五张主图换图推荐2（图片来源：案例商家店铺截图）

3.3.3　商品主图发布规范

作为天猫主图首先要求图片合乎规范。各行业的主图要求规范稍有不同，具体可以查看天猫商家品控行业标准中天猫malllist主图发布管理行业标准。链接地址如下：

https：//www.tmall.com/wow/seller/act/pinkongrule

请使用手机淘宝或天猫客户端扫描图3-73所示的二维码查看：

图3-73　天猫malllist主图发布管理行业标准

（本书截稿至2017年6月，如有更新，请以公布规范为准）

这里整理了商品主图发布规范，通用类目的规范解读后提醒如下：

1. 商品发布规范

- 第一张主图必须为实物图，图片不得拼接，不得出现任何形式的边框，不得出现水印，不得包含促销等文字说明，该文字说明包括但不限于"秒杀、限时折扣、包邮、×折、满×送×"等；
- 商标所有人可将其拥有的Logo放置于主图左上角，且Logo大小固定，比例要求宽度为图片大小的五分之二以内，高度为图片大小的五分之一以内；
- 不允许出现拼接图，除情侣装、亲子装等特殊类目外，不得出现多个主体；
- 大部分类目主图要求为实物图且须达到5张，主图图片大于等于800px×800px。

2. 关于牛皮癣图片

牛皮癣定义：在商品主图中除品牌Logo外，产品含促销、夸大描述等文字说明，图片有拼接及水印。

> 为了提高天猫形象，提升消费者浏览购物体验，天猫搜索对牛皮癣商品图片做部分线性降权，严重者做商品下架或删除处理，商家务必注意。
>
> 商家发布商品时的图片标准请严格执行行业标准中所注明的图片要求。

3. 天猫图片和标题发布规则

- 产品及商品主图中不得包含促销、夸大描述等文字说明，主图中不得带有非产品展示的拼接图及水印；

- 产品信息和商品信息需要匹配；
- 商品标题中必须包含品牌信息。

若违反此规则，天猫将下架或删除商品。

3.3.4　商品主图9秒视频

商品主图是消费者进入详情页的第一印象。

想要店铺提升转化率，制作精致的主图视频会事半功倍，短时间内将有效信息传递给消费者，有助于消费者了解、认可产品。

如何制作一个精致的9秒视频，必须要有拍摄前准备，包括：

①脚本准备：

- 准备场景，符合品牌调性；
- 准备道具，参照产品摄影道具规范；
- 准备样品，确保样品无瑕疵。

②展示产品最大的核心卖点，最多不超过3~4个卖点。

③注意拍摄角度，确定最能展示产品功能、特点、差异化的角度。

④Logo位置：参照品牌视觉主图Logo规范，不能出现黑边。

⑤统一文案字体，使用适合自己品牌调性且是天猫平台授权的字体，字数不超过两行，文案要有节奏，第一行为主文案，每行不超过6个字。

⑥统一字幕位置、颜色，要高于播放条，字号大小根据产品视觉主图字号标准确定，颜色尽量选择与背景色形成鲜明对比的颜色，文字上不要用效果。

⑦后期制作：修片尺寸按1：1制作，保证清晰度。

3.4　PC端商品详情页面

商品详情页不仅是介绍商品的页面，更多时候是流量进店的第一站。自然搜索、类目搜索、直通车单品推广、钻石展位单品推广、聚划算活动等等，进店的第一个页面都是商品详情页，详情页给消费者的第一印象决定着消费者是否有意愿继续浏览店铺的其他页面。商品详情页更是影响交易达成的关键因素，一个满足消费者心理需求的详情页才会有高转化率。

如图3-74所示。

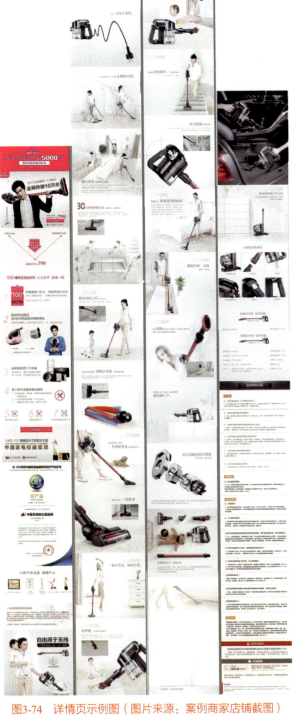

图3-74　详情页示例图（图片来源：案例商家店铺截图）

3.4.1 详情页作用

1. 提升转化率

影响店铺转化率的因素非常多，其中最重要的一个因素就是宝贝详情。详情页面中呈现的内容是否能打动消费者、满足消费者的需求都会影响转化率。而转化率的数据也是考核详情页的重要依据。为了提升转化率，我们往往会通过一些手段去加强客户的购买欲望。商品的品牌、品质、服务、性价比、价格优势、差异化优势、热销盛况等等都是非常有用的方式。

2. 提升客单价

详情页的内容呈现、关联销售都可以再次挖掘消费者的潜在需求。一旦消费者的需求被激发，再通过文案的营销就更容易让消费者产生关联购买，而从提升客单价。

3. 提升页面停留时间

详情页不只是商品的说明书，还需要通过足够吸引人的内容，符合消费者心里期望值的呈现来描述产品。丰富的内容、生动的呈现可以让消费者享受阅读和购物的乐趣。从数据表现来看，优秀的宝贝详情可以提升页面停留时间。

4. 降低跳失率

一个生动有趣的详情页，不但能有效提升页面停留时间，同时也会促使消费者查看更多推荐，如此整个店铺的跳失率自然就会下降，跳失率下降了意味着转化率的提升。

3.4.2 商品详情页策划步骤

商品详情页不能是简单的商品图片和参数的罗列堆积，必须经过谨慎的分析和策划，才能发挥应有的作用。想要策划制作出符合消费者需求的详情页，具体步骤如下：

1. 竞品的市场调研

知己知彼才能百战不殆，首先对于竞争商品详情页的解读和拆解分析，从详情描述中找到对方所提出的营销点、受众人群、页面逻辑等相关内容，再结合对手找到自己的优势和差异化，取其精华去其糟粕，应用在商品的详情。

下面给大家介绍一种常用的SWOT市场分析方法。我们可以通过SWOT分析找准商品的营销切入点。

SWOT分析法是一种有条理多维度的分析自己和竞争对手的优势（Strengths）、劣势（Weaknesses）、机会（Opportunities）和威胁（Threats），从而将商品的营销策略与商品本身结合起来的一种科学的营销分析法。

轻松搞定店铺视觉

- S（Strengths）指内部竞争优势。包括：竞争中的有利态势，品牌形象的优势，技术工艺的优势，产品质量、市场占有率、产品成本、广告攻势等优势内容。
- W（Weaknesses）指内部竞争劣势。包括：缺少关键技术的劣势、竞争力差等内部劣势。
- O（Opportunities）指外部机会。包括：新产品的机会，新市场的机会，市场新需求的机会，竞争对手失误带来的机会等。
- T（Threats）指外部威胁。包括：新的竞争对手威胁，替代产品增多的威胁，客户偏好改变等外部威胁。

执行SWOT分析分成3步：

第一步：通过市场调研分析出商品的优势、劣势、机会和威胁，并依照矩阵形式排列。分析列举过程中，先将对商品销售有直接、重要、大量、迫切、久远的影响因素排列出来，再将那些间接、次要、少许、不急、短暂的影响因素排列在后面。

第二步：把各种因素相互匹配起来加以多维度分析，得出相应的结论，结论需要带有决策性质。

第三步：在完成环境因素分析和SWOT矩阵（如图3-75所示）分析后，制定出相应的营销策划案。策划案制定的基本思路是：发挥优势因素，规避弱点因素，利用机会因素，化解威胁因素。考虑过去，立足当前，着眼未来，如图3-76所示。

优势	机会
劣势	挑战

图3-75 SWOT分析模型

内部能力因素 / 外部环境因素	优势（S） 1 较强的技术实力 2 拥有熟练的技术员工	劣势（W） 1 缺乏深层管理 2 分销渠道不均匀
机会（O） 1 该类产品消费增加 2 竞争者B的市场份额下降	SO策略： 2-1 保持技术优势，关注产品的消费动向 2-2 雇用竞争者B的熟练技术员工	WO策略： 2-1 必须满足目标市场产品消费增长的需求以保持较强的竞争力
威胁（T） 1 可能受到市场法规的限制 2 竞争者C正在强大起来	ST策略： 1-1 尽可能地进行技术开发，以避免法规的限制 2-2 不断提高劳动者的技能，并满足劳动者的需求	WT策略： 1-1 避免管理乏力而受到法规带来的限制 2-2设法减小竞争者C市场份额增长带来的威胁

图3-76 SWOT分析的运用

运用SWOT分析法，可以对商品所处的市场环境进行系统并准确地把握，从而制定相应的营销策略案以及对策等。注：以上SWOT分析法名词解释部分节选自MBA智库百科SWOT词条。

要做到精准的营销，首先要知道消费者的行为和偏好，因此在确定目标客户群之后，需要通过生意参谋数据工具去分析，比如关键词的搜索数据等。

2. 产品的卖点设计

以往我们经常会说找到消费者痛点进而挖掘自己的卖点，而最近有一种说法，不是找痛点而是找到消费者的甜蜜点。痛点也好甜蜜点也好，其实都是指商品具备了前所未有、别出心裁或与众不同的特色、特点，能解决消费者对商品需求的痛处或者让我们觉得如此设计和服务很暖心很甜蜜。

这里我们说的特点、特色，其实就是我们要找到的卖点。有些商品卖点与生俱来，有些卖点是需要通过营销策划人的想象，创造出来的。不论怎样，只要能落实于营销方案的战略战术中，成为消费者能够认同的利益和功效，最终达到产品畅销、品牌营销的目的，就是我们要分析找到的商品卖点。

商品卖点可以大致分以下几种：

- *卖点：商品呈现出来的被消费理由；*
- *买点：消费者愿意买单的理由；*
- *差异化优势：竞争对手没有提出或者是做不到的营销点，而我们有优势。*

三者的关系是，卖点包含买点，买点包含差异化优势。

对消费者来说，卖点是满足目标受众人群的需求点；对商家来说，卖点是营销商品中的一个思考点；对产品自身来说，卖点是产品自身存在于市场的理由。

FABE法则提炼卖点

FABE法则，是一种非常具体、有效并且有高度、可操作性很强的利益推销方法，它几乎适合所有商品。

简单理解FABE方法，就是找出消费者感兴趣的特征后，分析所产生的优点，找出优点能够带给消费者的利益，最后提出论证，通过这四个关键环节的销售模式，理清消费诉求，确定该产品能给消费者带来的利益，巧妙处理好消费者关心的问题，从而实现产品的销售主张。

- F（Features）：特征、特点

F代表产品的特质、特性等基本功能和作用，以及产品是如何满足消费者的需要的。特性，是要品牌所独有的，所以要发掘产品自身的潜质，努力寻找到竞争对手忽略的、没有提出的特性。注：以上FABE法则名词解释部分节选自MBA智库百科FABE销售法解释。

将商品的特征详细列出来，尤其要针对其属性写出其具有优势的品质，如图3-77所示，从商品材质、工艺定位等方面，挖掘商品差异点，找到具有优势卖点。

轻松搞定店铺视觉

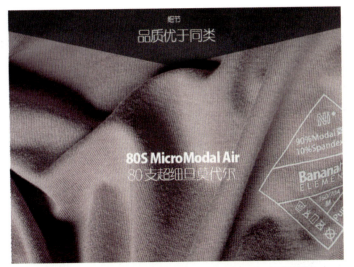

图3-77　商品的优势属性（图片来源：案例商家店铺截图）

- **A（Advantages）：优点、作用**

A代表由这一特征带来的优点，即（F）所列的商品特性发挥着哪些功能。即证明功能带来的"购买理由"。

与同类产品相比较，列出优势，或列出产品独特之处。可以直接或者间接去说明，例如：有效、高档、舒适、保险、安全等。

中国有句古话，事不过三，在这里同样适用，在介绍商品的优势和特点时，建议不超过三个，过多优势和特点罗列之后很难让客户留下清晰的印象。如果你认为把所有卖点都罗列出来就是对的，其实全部都是重点就等于没有了重点，即使你表达了而客户接收不到，那么效果等于零。所以向客户介绍优势和特点要符合两大原则：

①基于满足客户需求的原则，即介绍商品的优势和特点一定是能满足客户需求的点，否则再多的话语也不会引起客户的兴趣。对客户来说，他只会看到想看到的，其他呈现即使非常完美，但对不需要的客户来说也是无用信息，当无用信息过多时自然会影响客户对有需求信息的接收和认知。

②基于优势于竞争对手的原则，你的优势和特点一定是竞争对手做不到的或你做得更好的点，否则就不是特色和优点，客户也不会产生兴趣和购买欲望，如图3-78所示。

- **B（Benefits）：好处、益处**

B代表这一优点能带给消费者的利益，即（A）商品的优势带给消费者的好处。

利益已成为推销的主流理念，一切以消费者利益为中心，通过强调消费者得到的利益、好处激发消费者的购买欲望。实际上这是右脑销售法则特别强调的，用众多的形象词语来帮助消费者虚拟体验这个产品。我们必须考虑商品的利益是否能真正带给客户利益，要结合商品的利益与客户所需要的利益，如图3-79所示。

图3-78　商品的优点（图片来源：案例商家店铺截图）

图3-79　消费者的收益（图片来源：案例商家店铺截图）

- E（Evidence）：代表证据、证明

E代表证据，包括技术检测报告、消费者评价、相关认证、证书、授权书等，通过展示相关证明文件来印证上面的介绍，如图3-80、图3-81所示。所有作为"证据"的材料都应该具有足够的客观性、权威性、可靠性和可见证性。

我们对FABE的运用中可以这样理解：

F优势是什么？A怎样？B给消费者带来了什么？E消费者为什么相信我？

运用法则去表述卖点的常用句式格式是："因为（F），从而有（A），对您而言

（B），你看（E）"。

图3-80　消费者评价佐证卖点（图片来源：案例商家店铺截图）

图3-81　消费者秀佐证卖点（图片来源：案例商家店铺截图）

3.4.3　详情页模块及逻辑排序

本节介绍商品详情页16个最常用的内容模块，并详细解读每一个模块的内容重点以及注意事项。

1. 商品详情页的模块内容

1）基本信息模块
基本信息模块是用文字和图片去呈现商品的相关信息，清晰介绍产品属性规格等基本信息。

如图3-82所示。

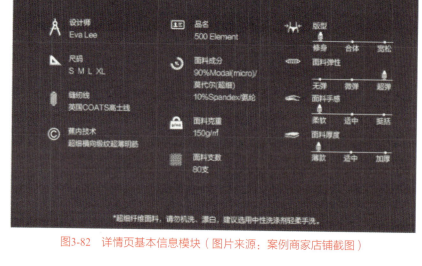

图3-82　详情页基本信息模块（图片来源：案例商家店铺截图）

2）产品展示

产品展示模块是商家从各角度、维度视觉化展示商品。在商品呈现的时候，我们要注意以下几点：

- 第一，要把商品的卖点喊出来。
- 第二，尽量使用场景图去激发消费者的需求。
- 第三，要塑造拥有后的感觉。

卖点和商品展示结合，如图3-83所示。

图3-83　卖点和商品展示结合（图片来源：案例商家店铺截图）

产品展示和内涵文案结合，如图3-84所示。

图3-84　产品展示和内涵文案结合（图片来源：案例商家店铺截图）

3）细节展示

细节展示模块是用细节描写展示商品，不要为了展示商品的细节而展示细节，而是通过展示商品的细节，侧面去展现商品的卖点，让消费者有足够的理由去选择我们的产品。

细节展示模块的重点是呈现商品的品质、工艺等相关内容，如图3-85所示。

图3-85　通过商品的细节去描述卖点（图片来源：案例商家店铺截图）

4）卖点展示

这里需要呈现商品的核心卖点，把商品的差异化优势以及消费者愿意为它买单的卖点通过视觉化图片呈现给消费者。使用这样的呈现方式，商品的卖点将会更加有说服力，如图3-86所示。

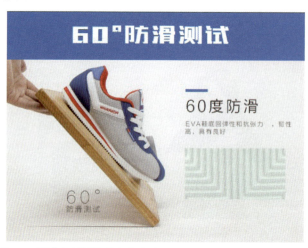

图3-86　消费者关注的核心卖点（图片来源：案例商家店铺截图）

5）商品对比

消费者在做购买决策时会货比三家，通常会在宝贝详情中做商品的对比，以强调商品的优势。

第一种是竞品的对比。

长期的价格战是不健康的运营方式，我们需要给消费者选择我们的理由，通常我们会选择一个市场上比较流行的商品和我们的产品做对比，呈现竞争商品的劣势，同时展现我们商品的优点。利用我们的优点去挑战对方的缺点，提升消费者的购物欲望，帮助消费者做决策。

第二种是真假的对比。

当商品溢价比较高、客单价比较高、品牌知名度大时，市场上容易出现高仿的商品。此时就有必要使用真假对比的方式，拿我们商品和高仿产品的照片做对比，通过工艺、材质、外观、包装等方面的区别帮助消费者鉴别商品的真伪。从而打消消费者的购买顾虑，提升店铺的转化率。

第三种是同类商品对比。

很多店里的同类商品价格相差较大，而消费者也不知道如何选择。因此，需要在价格相对较高的商品中使用同类商品对比方式，给消费者选择高单价商品的理由。

6）生产流程

消费者在购买商品时难免会对商品抱有一些怀疑，而生产流程模块通过展示商品的

轻松搞定店铺视觉

加工过程，帮助消费者了解商品，有效地打消消费者的购买顾虑。此模块展示的生产流程是消费者抱有顾虑的部分，无需对每个流程都做仔细讲解。对于追求工艺的商品，此模块的呈现就更加重要，如图3-87所示。

图3-87　生产流程（图片来源：案例商家店铺截图）

7）资质证书

通过权威的资质证书去呈现商品的专业性，也可以打消消费者的购买顾虑、促进订单的成交。通常所指的资质证书包含：海关报关单、进货发票、质检报告、认证证书等，如图3-88所示。

图3-88　资质证书（图片来源：案例商家店铺截图）

8）实力展示

对于未知的事物我们都会产生莫名的恐惧，从而影响到判断。消费者会更加信任有实力的企业。因此需要通过展示企业的实力，帮助消费者做购买决策。企业实力一般体现在工厂规模、团队、办公环境、仓储、门店等，展现企业实力的照片有助于提升转化率，对于高单价的商品效果尤为明显，如图3-89所示。

图3-89　品牌方的实力展示（图片来源：案例商家店铺截图）

9）品牌文化

对于发展中的品牌来说，宣传品牌文化是一个必经之路。在宝贝详情当中适当地呈现品牌相关内容，对和消费者建立信任关系有帮助。例如，简短的品牌故事、品牌的成长历程、品牌的愿景、品牌的公益事业等，如图3-90所示。

图3-90　详情中的品牌文化呈现（图片来源：案例商家店铺截图）

10）承诺

常见的承诺内容有：7天无理由退换货、24小时发货、假一赔三、正品保障等等。商家也可以根据店铺的实际运营情况向消费者作出承诺。在作出承诺时，如果有前提条件的一定要和消费者说明，避免未来的售后纠纷。

11）包装展示

消费者选择商品时不仅考虑商品本身的功能、性价比，还会考虑商品的包装。精美的包装有助于呈现商品的价值，对转化消费者有非常重要的作用。

包装展示模块通常展示三部分的包装：

第一部分是商品的外包装。通过产品的外包装把产品的价值呈现得更加到位，如图3-91所示。

图3-91　精美的商品外包装（图片来源：案例商家店铺截图）

还可以展示物流的外包装。对于易碎的、液体的、不防震的物品，物流外包装显得尤为重要。消费者购买这类商品时会有物流问题上的顾虑。

有的商品有专门的礼盒包装。送礼讲究面子，而高档的礼盒包装恰恰满足了消费者这种心理需求。

精美包装的呈现将会大幅提升商品的价值，有效地提升消费者对商品的信任，提升消费者购物欲望，是宝贝详情当中比较重要的模块之一。

另外我们还可以展示用户体验包。用户体验包的作用是让消费者享受更贴心的服务和更多的惊喜。通常用户体验包含有：感谢信、售后卡、赠品、手提袋、配件等等，具体根据商家的实际情况做搭配。

12）Q&A模块

Q&A模块是从客服的聊天记录当中获取统计出常见问题，统一给出正确的答案，以一个问题一个答案的方式呈现给消费者，如图3-92所示。

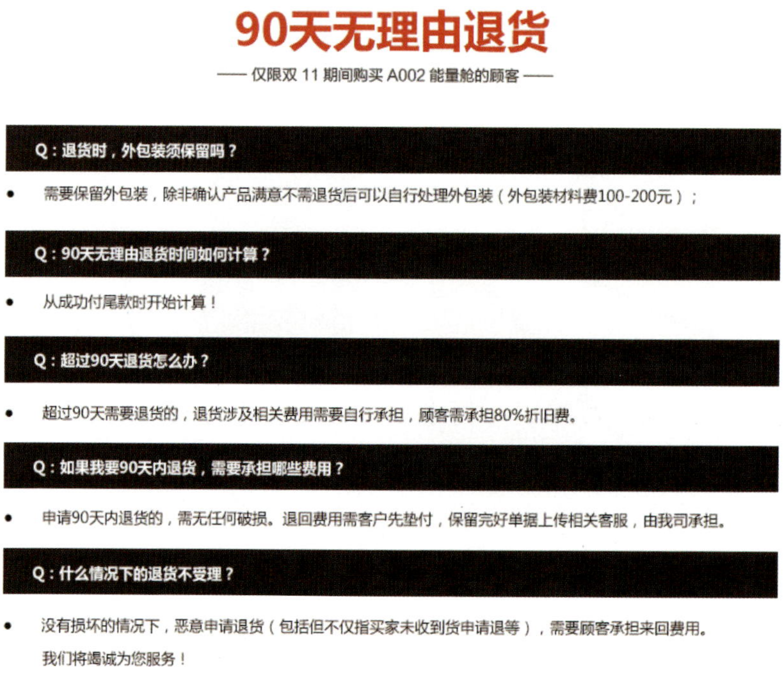

90天无理由退货

—— 仅限双11期间购买A002能量舱的顾客 ——

Q：退货时，外包装须保留吗？
- 需要保留外包装，除非确认产品满意不需退货后可以自行处理外包装（外包装材料费100-200元）；

Q：90天无理由退货时间如何计算？
- 从成功付尾款时开始计算！

Q：超过90天退货怎么办？
- 超过90天需要退货的，退货涉及相关费用需要自行承担，顾客需承担80%折旧费。

Q：如果我要90天内退货，需要承担哪些费用？
- 申请90天内退货的，需无任何破损。退回费用需客户先垫付，保留完好单据上传相关客服，由我司承担。

Q：什么情况下的退货不受理？
- 没有损坏的情况下，恶意申请退货（包括但不仅指买家未收到货申请退货等），需要顾客承担来回费用。

我们将竭诚为您服务！

图3-92　常见的Q&A问答模块（图片来源：案例商家店铺截图）

Q&A模块可以有效地减轻客服的压力，提升静默下单率，让客服有更多的时间去和消费者交流并转化订单。

13）关联销售

关联销售模块是提升客单价的重要方式，通过关联相关商品可以有效降低跳失率，提升客单价，如图3-93所示。

图3-93 详情中的关联销售（图片来源：案例商家店铺截图）

在做关联销售时，要注意两点：

第一点是选择合理的关联销售呈现位置。通常情况下，若商品详情页跳失率高则关联销售适合放在顶部，在转化率高的商品详情，关联销售适合放在底部。具体放在哪个位置要看运营策略和规划、流量大小及特征的变化。

第二点是选择合适的商品做关联销售。可以做关联销售的商品常为四大类：第一类是活动商品，以活动引导消费者点击并且成交；第二类是搭配和辅助的商品，消费者容易产生潜在需求购买；第三类是同等价位的不同款式的相似商品；第四类是店铺主推的商品。

设计师在制作关联销售时，要注意尽量不要把关联销售的商品设置到宝贝详情模板里。假设设置到宝贝详情模板里面，所有使用此模板的宝贝的关联销售商品会完全一样，而事实上客户在选择不同商品时的需求是不一样的，呈现同样的关联销售商品对提升客单价的帮助并不大。例如，卖手机的店铺既销售老人手机也销售智能手机，而所有的手机商品使用的模板都是同一个。如果在模板里面设置关联智能手机的相关配件，那些购买老人手机的消费者对这些配件的需求度是非常低的，不容易产生点击购买行为，对提升客单价的帮助非常小。

除了上面所说的这些内容以外，还有一些不是非常通用的相关模块。例如真人试用、买家秀、好评如潮（见图3-94）等等，商家可根据所属的行业和产品选择是否使用。设计师在设计模块时一定要从消费者的角度去思考，这样才可以实现优秀的用户体验，达到更好的营销效果。

口碑好不好 评价为我代言

A LOT OF OUR SALES LEAD OUR INDUSTRY

图3-94 好评如潮（图片来源：案例商家店铺截图）

2. 详情页面的模块排序逻辑

商品详情页通常以模块的方式呈现给消费者，而模块和模块之间的逻辑有多种呈现方式。

1）产品说明逻辑

详情页可以说是产品的说明书，在呈现产品的相关信息时要有主次，遵循一定的逻辑顺序。

产品说明逻辑主要有两个重点：

- 要以用户为中心来做产品说明。消费者想从产品中得到什么，产品能满足消费者什么需求。
- 功能规格。为什么我们能满足消费者的需求？

2）故事引入逻辑

通过讲述一个故事，吸引消费者逗留阅读。

在讲述故事的过程时，把卖点、使用场景等各种和商品相关的营销内容植入到故事中，让消费者在不知不觉中认同我们的商品，最终转化到商品的需求上去。

3）购物心理逻辑

AIDMA法则翻译成中文为"爱德玛"法则。

AIDMA法则总结了消费者在购买商品前的心理过程。消费者先是注意商品及其广告，对商品感兴趣，并产生出一种欲望需求，最后是记忆及采取购买行动。

Attention（注意）→Interest（兴趣）→Desire（消费欲望）→Memory（记忆）→Action（行动），简称为AIDMA。

类似的用法还有去掉记忆一词的AIDA、增加了相信（Conviction）一词的AIDCA。AIDMA（爱德玛）法则也可作为广告文案写作的方式。

A：Attention（引起注意）：花哨的名片、提包上绣着广告词等是被经常采用的引起注意的方法。

I：Interest（引起兴趣）：一般使用的方法是精致的彩色目录、有关商品的新闻剪报并加以剪贴。

D：Desire（唤起欲望）：例如推销茶叶要随时准备茶具，给顾客沏上一杯香气扑鼻的茶，让顾客一品茶香，体会茶的美味，就会产生购买欲；推销房子要带顾客参观房子；餐馆的入口处要陈列色香味俱全的精致样品，让顾客倍感商品的魅力，就能唤起购买欲。

M：Memory（留下记忆）：一位成功的推销员说："每次我在宣传自己公司的产品时，总是拿着别的公司的产品目录，一一加以详细说明比较。因为如果总是说自己的产品有多好，顾客对你不相信，反而想多了解一下其他公司的产品，而如果你先提出其他公司的产品，顾客反而会认定你自己的产品。"

A：Action（购买行动）：从引起注意到付诸购买的整个销售过程，推销员必须始终信心十足。但过分自信也会引起顾客的反感，以为你在说大话、吹牛皮，从而不信任你的话。

注：以上AIDMA法则名词解释来自百度百科AIDMA法则词条。

在营销行业和广告行业，AIDMA法则经常被用来解释消费心理过程。

- 营销行业的人运用它是为了准确了解消费者的心理和行为，制订有效的营销策略，提高成交率。
- 广告行业的人用它是为了创作实效的广告，实效的广告简单地说就是可以促进销售的广告，对销售增长是有效的。

创造实效的广告，对消费者经历的心理历程和消费决策，将产生影响力和诱导的作用，也就是在"引起注意→产生兴趣→培养欲望→形成记忆→促成行动"的五个环节，实效广告的信息会一直影响消费者的思考和行为。

因此，在创作广告的时候，不是单纯地在进行一种设计艺术的创作，而是一种为了实现商业目标的创作。按照AIDMA法则，思考一下自己创作的广告，是不是在这五个环节走到最后还能发挥影响力，还是只做到了让消费者注意，但不能让消费者产生兴趣。如果在第二个环节就对消费者没有任何影响力，那么广告可以说是无效的。

购物心理指的是消费者在购物过程中的内心活动。它对消费者的购买行为起关键性作用。

消费者的购物过程是怎样的呢？

第一步：产生第一眼印象，思考是否喜欢这件商品。消费者会关注商品的整体展示。

第二步：仔细端详商品。消费者会关注商品的细节、功能、品牌等内容。

第三步：思考商品是否适合。消费者会关注商品的功能、规格等内容。

第四步：观察商品与描述是否相符。消费者会关注商品的销量、评论等内容。

第五步：是否可以享受优惠。消费者会关注店铺促销活动信息。

基于消费者的购物过程，要作出针对性的引导。首先引起消费者注意，其次提升消费者对商品的兴趣，和消费者建立信任，消除消费者的购物顾虑，最后促进成交。

消费者在购物过程中，心理变化是从感性到理性再到感性的一个过程。消费者的心理处于不同阶段时，需要使用对应的内容去提升消费者的购物欲望。例如，当消费者呈现感性心态时，用情感类的营销以及促销活动、品牌宣传等方式去强化消费者的购买欲望；当消费者的心态呈现为理性消费时，通过商品卖点的呈现、商家承诺等方式去强化消费者的购买欲望。每个模块的作用是不一样的，在引导思路中添加对应的模块，可以把握消费心理做针对性营销。

总结一下。
- 引发注意：活动信息、商品展示、商品优势、消费者痛点、情感营销等。
- 提升兴趣：基本信息、卖点呈现、细节展示等。
- 建立信任：品质呈现、商家承诺、客户评价、资质证书等。
- 消除顾虑：对比模块、生产流程、品牌文化、物流安全等。
- 促进成交：营造紧迫感、活动信息、情感营销等。

这就是基于消费者的心理变化对模块做的逻辑排序。

轻松搞定店铺视觉

3.4.4　PC端商品详情页的类型及设计思路

根据运营情况，店铺商品可以分成新品，热卖单品、促销商品、常规商品等。然而针对不同的商品呈现的重点是不一样的，下面我们就来讲讲这四种商品详情页的设计思路。

1. 新品详情页设计思路

对于刚刚研发上市的商品，通过详情让消费者了解商品的同时，还需要把商品的设计理念准确无误地传达给消费者。在设计新品的详情页时，要注意以下几点：

1）突出差异化优势

在激烈的竞争环境中，想要让商品脱颖而出，最好的方式之一就是突出商品的差异化优势。所谓的差异化优势指的是商品的某一方面做到了极致，"人无我有，人有我优。"是对差异化优势最好的诠释。

如图3-95所示，案例店铺春夏新款，强调了单鞋只有190克重量，重新定义了鞋子走路不累的方式，这个差异化优势是切入市场十分好的卖点。

图3-95　单鞋卖点广告图（图片来源：案例商家店铺截图）

2）强调品牌及品质

对于新发布的商品来说，消费者会对详情里面呈现的内容持有一定的怀疑态度，通过品牌来加深消费者对商品的信任程度。品牌是商品的典型标签，消费者在购买产品时往往也会优先考虑品牌元素，如图3-96所示，谢馥春，这个始于道光10年的百年品牌，无疑可以消除一切疑虑。

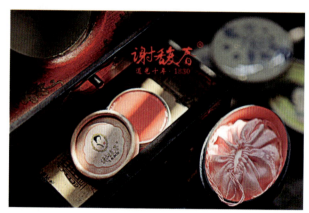

图3-96　凸显品牌和商品品质（图片来源：案例商家店铺截图）

3）运用各类营销

新发布的商品前期销量较低，需要使用各种各样的营销方式，为商品积累一定的基础销量，这也是新品详情页要优先思考的内容。

2. 促销产品详情页设计思路

对于促销类的商品，详情页的设计需要考虑以下几个因素。

1）突出活动力度

通过呈现活动的力度吸引消费者对商品产生兴趣和关注，如图3-97所示。

图3-97　活动内容呈现突出优惠力度（图片来源：案例商家店铺截图）

2）强调性价比

光靠活动还不足以让消费者购买，当消费者对于活动和商品产生兴趣之后，再强调商品的性价比以及功能，给消费者塑造物超所值的感觉，将会有效地提升整个商品的转化率，如图3-98所示。

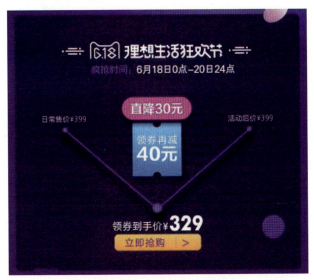

图3-98　活动的底价广告图（图片来源：案例商家店铺截图）

3. 热卖单品详情页设计思路

热卖单品指的是店铺销量较好的商品，对于这类商品的详情页设计，我们需要突出商品的热销盛况以及商品的优势。

1）突出热销盛况

利用消费者的从众心理去提升商品的转化率是常用的营销方式之一，如图3-99所示，案例店铺活动图片突出商品的热销状态，暗示消费者商品被大众认同，降低消费者的购买顾虑。

图3-99　突出销量（图片来源：案例商家店铺截图）

2）强调商品优势

利用商品的优势来佐证大众选择的正确性，好的商品才可以让消费者下决策，如图3-100所示。

图3-100　通过产品的荣誉突出优势（图片来源：案例商家店铺截图）

4. 常规商品详情页设计思路

常规类商品想要让消费者产生购买行为，需要给消费者足够的理由去选择。而让消费者选择这个商品的比较好的理由，通常是商品的功能、性价比以及商家做出的各类营销。

1）突出功能性优势

消费者在购买商品时考虑的因素众多，其中非常关键的一个因素是商品的功能能否满足需求，因此商品的功能性就需要呈现更加到位，如图3-101所示。

从细处感受美好

图3-101　商品的功能卖点罗列（图片来源：案例商家店铺截图）

2）运用各类活动营销

活动是消费者选择商品的一个驱动力，优秀的商品功能加上好的活动营销可以有效提升转化率。

3.4.5　常见问题

1. 关于图片大小

为了保证消费者可以快速打开宝贝详情页面，需要对设计好的详情页面切片，并且在不损失图片细节的情况下，单张图片容量大小尽可能控制在300KB以内。

2. 关于页面长度

宝贝详情页长度过长，消费者关注的信息就会被分散，而且消费者的耐心也会随着时间的推移慢慢丧失，很容易形成跳失。

建议大家把宝贝详情的长度控制在25屏左右，并且要把重要的信息尽可能靠前展示。

3. 关联销售的测试

关联销售的商品选择不是一次性就能做到位的，商家需要对关联销售的商品做测试，通过数据来判断关联效果。

测试时使用数据工具"生意参谋"当中的"热力图"去测试关联商品，经过一段周期的测试（通常为一周）把点击率低的关联商品替换掉，再进行第二轮的测试，直到关联商品的点击率都比较稳定为止。

第4章

天猫店铺视觉
无线端页面篇

在无线时代，由于消费者浏览习惯和浏览设备的改变，大部分天猫店铺的无线访客占比远超PC端。而无线端受设备屏幕小、客户网速、消费者浏览时间碎片化等因素影响，在页面的设计上需要区别于PC端。本章将从无线端页面的无线端首页、无线端详情页面、无线端页面制作工具这三个方面进行讲解。

4.1 无线端店铺首页规划

无线端页面的重要性毋庸置疑，接下来我们就无线端和PC端的不同点，以及无线端首页规划内容定位做详细介绍。

4.1.1 无线端特点及与PC端的区别

无线端有一些固有的特点：

- 屏幕比较小，页面流量要求小，这就要求我们在设计页面首页时需要注意精炼页面长度，优化页面图片；
- 无线端的用户在访问页面时相对来说都是一些休闲的时光，这就要求无线端页面具有趣味性、互动性、神秘感、这样才能把客户的休闲时光转化成购物场景；
- 无线端用户访问时更多的是碎片化时间，这就要求无线端页面更精确、清晰、诱惑，从而充分利用好客户的碎片化时间；
- 无线端屏幕能展现的页面内容比较少，要求无线端页面简单、主次分明。

1. 无线端首页流量路径特征

无线端首页流量特点如图4-1所示。

无线端首页流量路径特征：无线端首页和PC端首页有着截然不同的客户访问和流向，PC端首页更多是为了展示品牌形象、店铺活动，客户的流向一般来说只有店铺总访问量的10%~20%，而无线端首页却高达50%以上，这是由于PC端首页是从宝贝详情页面跳转到首页，而无线端首页可以通过详情页、搜索店铺、扫描店铺二维码、店铺微淘等多渠道流向店铺首页，并进一步通过首页访问分类页面、详情页面、活动页面。

流量动向

图4-1　无线端首页的流量情况

2. 无线端首页内容要求

无线端首页的特点如图4-2所示。

无线端特点与不同点分析	页面呈现关键词
1、页面流量更小	精炼页面长度　优化图片
2、休闲时光	品质 趣味 互动 神秘
3、碎片时间	精准 清晰 快捷 诱惑
4、屏幕小得多	简单 精炼 模块与图片主次分明

图4-2　无线端首页的不同点

无线端首页的特殊性，决定了无线端首页有三方面内容要求：

- 无线端首页的结构风格，要求精炼，主次分明，主题明确；
- 无线端首页的内容模块，优先推荐分类活动、活动、宝贝；
- 无线端首页的宝贝优先选择趣味性、品质感好的宝贝，更容易吸引客户的眼球。

4.1.2　无线端店铺首页功能模块

1. 无线端装修入口及后台操作

登录卖家中心选择无线端店铺装修或者直接进入无线运营中心（wuxian.taobao. com）即可进入无线端装修（如图4-3、图4-4所示）：点击店铺装修即可选择店铺首页装修，进入店铺首页装修，主要有4个模块：宝贝类模块、图文类模块、营销互动类模块、智能类模块。

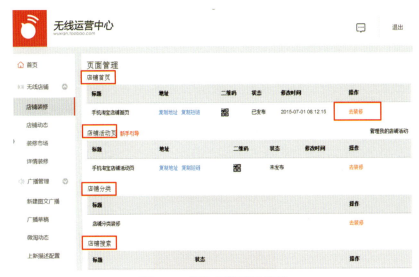

图4-3　无线端店铺的后台装修

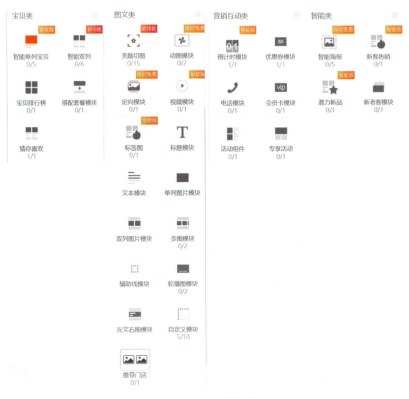

图4-4　无线端装修的模块情况

在这4个模块中，都是所见即所得的模式，相对比较简单，点击相应模块就可以看到如图所示的操作，在此不做赘述。

2. 无线端首页模块组成部分

无线端首页模块对应承载内容通常归纳为八个方面：店招、二维码、宝贝、分类、活动、形象、优惠券、微淘。将这些内容组合在一起要注意主次分明，用色协调，整体风格统一，这样就可以打造出比较完善的无线端店铺首页，如图4-5所示。

图4-5　无线端店铺装修首页的八大模块情况

3. 各模块的特点及装修要点

接下来就常用模块分别做一个简单分析。因为工具操作所见即所得，希望大家测试更多的不同模块的作用，特别是智能模板，作用非常大，要多测试使用。

1）店招部分

店招需要一张背景图片、Logo、分享和收藏店铺按钮。这其中有三个注意点：
- Logo的设计需要注意可记忆性、简洁明快、有店铺调性并注意重复使用，Logo一般为GIF/JPG格式，文件大小80KB以内，图片尺寸80px×80px；
- 背景图片设计需要注意融入店铺核心定位、店铺理念、用户引导，可以放上核心产品、店铺的实时活动等，店招背景图片一般为GIF/JPG格式，文件大小100KB以内，图片尺寸640px×248px，需要特别注意是从2017年3月以后，启用新版本的店招大小展示方式（如图4-6所示）图片尺寸调整为750px×254px。

图4-6　无线端店铺首页的店招

展示的方式也有了不同，如图4-7所示效果。

图4-7　店招不同的展示

2）左文右图模块

一般用于活动，包括实时宝贝、分类分隔、信息发布等内容，一般为PNG/JPG格式，文件大小100KB以内，图片尺寸608px×160px，制作时尽可能清晰精准，特别需要加上一些引导性按钮，这是因为在无线端只能用触摸的方式拖拉页面，并不能确认图片下面是否有链接，所以需要特别注明引导客户点击，如图4-8所示。

图4-8　左文右图模块

3）智能海报模块

智能海报模块限时免费使用，使用智能海报可以实现图片的个性化展示，通过全网数据智能分析，智能海报为不同消费者展示图库中最容易产生点击和购买的商品海报，如图4-9所示。

如图4-10所示，在制作的时候可以考虑各种风格、各种色调。

4）标题模块

从文字上就可以看得出来，这是用来做分隔、引导的，这个位置文字的大小是关键，支持12个中文字符，约17磅，要做好文案引导，如图4-11所示。

5）文本模块

最大支持50个中文字符，约12磅，用来对商品特别说明，可以视为宝贝与宝贝之间的分隔，或者说宝贝的引导，如图4-12所示。

智能海报 ⓘ   教我怎么用

第一张图片

图片尺寸支持自定义，类型jpg、png

链接跳转方案

⦿ 自动获取图片上的宝贝链接

◯ 自选链接

请输入合法的无线链接   🔗

取消   确定

图4-9   智能海报图

图4-10   智能海报生成图

图4-11　无线端装修标题模块　　　　　图4-12　无线端装修文字模块

6）宝贝模块

用于导入商品，这是页面呈现的最重要部分，建议大家导入宝贝时重点选择王牌宝贝、热销宝贝，做到覆盖主营宝贝，在布局时还需要考虑宝贝的主次关系，如图4-13所示。

图4-13　无线端装修宝贝展示方式

在宝贝主图可以考虑通过两个方法加强客户的点击：

- 如图4-14所示，通过色相对比，把背景和文字或者背景和商品，用色彩相对的方

轻松搞定店铺视觉

式达到吸引客户眼球的目的。

- 在图片上面添加如<逛一下>之类的点击元素，顺应客户的好奇心和习惯。

色相对比 吸引眼球抓住重点信息

互动点击元素的设置，卖家习惯与好奇

图4-14　无线端装修之色相对比

4.1.3　无线端首页装修注意事项

1.基本原则

页面加载速度快、色彩鲜明、结构清晰、板块分明。

2.六大要点

- 无线端店铺的布局首先要做好分类模块；
- 无线端首页一定要呈现出店铺的主营类目宝贝和店铺的定位理念；
- 无线端店铺首页要考虑到互动性、趣味性、专业性；
- 控制无线端店铺的元素、色彩的使用，统一协调、主次分明、层次递进；
- 和PC端有相同的记忆符号；
- 控制无线端首页页面长度，一般以6屏以内为佳，控制模块数量。

4.1.4 无线端首页的千人千面

店铺千人千面是阿里巴巴集团赋能商家，重磅打造的个性化运营工具。通过店铺千人千面，商家可以对进入无线端店铺的人群流量进行精细化的分群运营，提升店铺访客的运营效率。

与平台级的千人千面不同，店铺的千人千面主要阵地在无线端店铺首页和详情页，为了对无线进店的流量进行承接优化，商家需要深度参与运营。如表4-1所示。

表4-1 店铺和平台级千人千面对比

	店铺千人千面	平台级千人千面
主要阵地	无线端店铺首页、无线端店铺详情页	大促会场，有好货、必买清单等导购场景
定位	• 对无线端进店的流量进行承接优化，优化的是店铺内的流量 • 商家可参与运营	• 平台利用大数据能力，直接对消费者进行个性化的商品推荐 • 平台与消费者直接互动，商家无参与

在没有店铺千人千面时，商家对所有进店的客户只能展示同一个首页、同样的商品和策略。有了店铺千人千面后，可以对进店的不同人群的喜好展示不同的页面、商品，从而提升人货匹配的效率。

如图4-15所示，店铺经营的商品满足男性、女性、儿童等多类人群的需要，原来的首页只能展示一种大而全的组合页面，对所有的进店顾客只能展现同一页面，进行千人千面设置后，可以做到对不同的人展示不同的页面，男性、女性、儿童三种类型人群进入店铺看到的是不一样的。

图4-15 千人千面的效果图

1. 为什么要做千人千面

现在的无线端环境发生了翻天覆地的变化，流量成本越来越高，而消费者上网时间愈发碎片化，使用小屏幕手机搜索信息的耐心日趋下降，他们的需求也日趋细分多样化。

在这种情况下，千人千面能在有限的碎片化时间里，在手机小屏上进行精准的人货匹配，从而让消费者进店第一时间就看到想买的东西，降低跳失率，提高店铺转化率，如图4-16所示。

上网时间碎片化。
小屏幕信息搜寻耐心下降。
流量成本越来越高。
日趋细分的消费者需求。

**精准的人货匹配：让消费者进店后第一时间看
到想买的东西，降低跳失率，提高店铺转化率。**

图4-16　无线端环境发生的巨大变化

2. 店铺千人千面的产品入口

店铺千人千面共有多个产品入口。

其一是PC版千牛，登录千牛，如图4-17所示点击左侧的"客户运营"按钮进入。

图4-17　PC版千牛客户运营入口

直接登录https：//ecrm.taobao.com，如图4-18所示，可在客户运营平台的左侧菜单中找到"智能店铺"菜单项，点击进入即可看到千人千面的相关功能入口。

对于订购了旺铺智能版的商家，还可以从旺铺智能版中找到千人千面的相关入口（旺铺智能版网址：https：//siteadmin.tmall.com/design.htm？spm=a21ar.c-pm.smart.14.fyhUTR&sid=369668502）。

其二是用手机淘宝、天猫APP扫码如图4-19所示二维码进入。

图4-18　客户运营平台的千人千面入口

图4-19　千人千面入口二维码

3. 店铺千人千面的应用

　　千人千面的产品目前分为店铺首页和详情页面两部分，在无线端首页上能使用到的主要是智能单双列宝贝、智能海报、个性化首页三个部分（如图4-20所示）。千人千面功能简介，如表4-2所示。

图4-20　千人千面在首页上呈现

表4-2 千人千面功能简介

功能点		功能简介	操作方式
首页	智能单双列宝贝	可对单列宝贝、双列宝贝模块进行智能升级，一键实现模块内商品对进店访客的千人千面推荐	一键式操作
	智能海报	智能海报可以实现首页图片的千人千面，同时支持商家快速生成图片，降低人力成本	一键式操作
	个性化首页	可以基于系统提供的人群维度，对不同的人群展示不同的、有针对性内容的首页（例如从新老客户的维度等），整体提升首页的分流效率，或实现其他运营目标	基于人群定制不同首页

1）智能单双列宝贝

在无线端店铺首页，可对单列宝贝、双列宝贝模块进行智能升级，一键实现模块内商品对进店访客的千人千面推荐，如图4-21所示，这里进行了性别的区别，不同性别看到不同的页面展示。

图4-21 千人千面依据性别效果

商家在设置时，智能单双列宝贝可以在首页放多个，也可以自由定义模块内要推荐的商品池。因此，商家可以按照商品品类等维度进行多个智能模块的展示。

举个例子，一个卖服饰的店铺，可以按照衬衫、裤子、连衣裙等店铺主要的品类分别放置多个模块楼层，每个楼层设置智能升级时，对应的商品池就可以是该品类对应的商品。从大盘的整体数据来看，智能单双列宝贝可以让整体店铺首页的转化率提升5%～20%。

如图4-22所示，店铺首页采用了智能双列宝贝，大大提升了该模块的点击率。

图4-22　智能双列宝贝展示（来源案例：店铺无线端页面截图）

2）智能海报

此功能可以一键智能生成商品海报，可在无线端首页对不同访客展示不同的海报，如图4-23所示。

每个进入店铺的消费者，系统会根据他近期的浏览行为、品类偏好等自动为他推荐最可能购买的商品海报图。

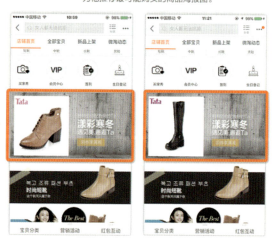

图4-23　智能海报展示方式

智能海报可以实现首页图片的千人千面，同时支持商家快速生成图片，降低人力成本。设置时可以自主选择图片模板及商品池，快速生成图库，如图4-24所示。

图4-24　智能海报图库

系统自动根据每个进店者的浏览行为、商品偏好为他推荐最容易产生购买的图片，大大提升图片点击和成交转化。

举个例子，一个商家有多个宝贝想要重点推荐且同时又参加了聚划算活动，可以用智能海报并配上聚划算、上新、清仓等有吸引力的文案，效果、效率都得到大大提升，也增加了访客的购买转化。从大盘的整体数据来看，智能海报点击率提升20%以上。

3）个性化首页

在无线端店铺内，可以基于系统提供的人群维度，对不同的人群展示不同的、更有针对性内容的首页，如图4-25所示，可以看出，原来对所有进入店铺的顾客展现同一页面，现在使用千人千面可以让不同的进店可以看到不一样的页面。

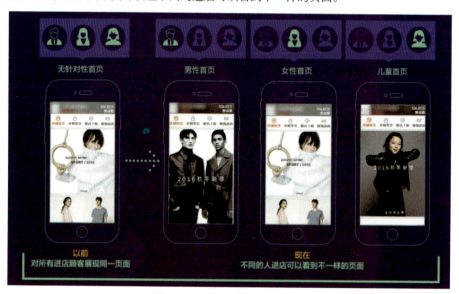

图4-25　千人千面基于人群区分

操作三步骤如图4-26所示。

第一步　新建人群
基于店铺访客分布特征，新建不同的人群（例如新老客、折扣敏感度高人群、高温地区人群等）

第二步　设计页面
根据已新建的人群，分别为他们设计不同的首页。

第三步　关联人群和页面
将各个新建的人群与对应的页面关联起来，并将策略发布上线。

图4-26　千人千面操作三步展示

个性化首页可以帮助我们识别不同人群的不同需求，并针对他们设计不同的首页，从而提升他们在首页的点击率和店铺访问深度。例如对新/老客户，可以分别在首页展示不同的商品和权益；对不同品类偏好的人群，也可以在首页为他们定向展示不同品类的商品。

除了带来直接的转化以外，个性化首页还可以帮助商家实现其他运营目标：类似图4-27所示可以进行测款、会员运营、小品类销售、差异化服务等特定运营目标。

图4-27　千人千面其他功能性

案例1分析：如图4-28所示就是男装店铺做的千人千面，主要策略是人群年龄的区分，分出了年轻化的小鲜肉人群和大叔人群，针对小鲜肉首页优先展示时尚休闲类衣服，而对大叔人群优先展示稳重商务衣服。通过这样的千人千面策略，店铺很好地提升了首页访客的点击率和成交转化率。

策略说明：

店铺基于人群年龄维度，新建了年轻化的小鲜肉人群，以及大叔人群。

其中，小鲜肉人群在首页以展示时尚休闲款为主，大叔人群在首页则以稳重商务款为主。

图4-28　千人千面案例1

案例2分析：如图4-29所示把人群进行了价格敏感度的拆分，分出了折扣人群和高端人群两种，并且进行不同的页面投放。

策略说明：
店铺使用折扣敏感度标签，分别新建了折扣人群和高端人群：

折扣人群页面：主推店铺热卖的低价商品。按照折扣类型进行楼层排布，突出利益点。

高端人群页面：主推潮流款。按潮流趋势进行楼层排布，并提供潮流资讯内容。

图4-29　千人千面案例2

从如图4-30所示页面分布图的对比，就能更直观地了解两个页面的设计逻辑了。

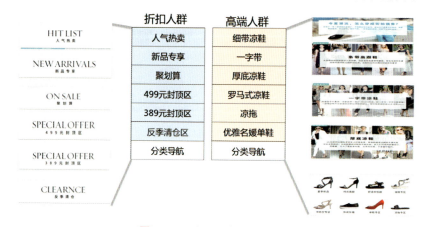

图4-30　千人千面案例页面结构

通过对不同人群的个性化首页，成功使得店铺首页的跳失率大大降低，同时获得了非常高的成交转化。

除了日常使用以外，在大促期间，商家也可以利用千人千面去针对性地做不同人群的预热，引导更多的收藏和加购，最终促成大促期间的转化。已经有很多店铺在618、新风尚等大促期用出了很好的效果。

为了让千人千面发挥更大的作用，我们建议商家可以把以上介绍的功能配套进行使用。例如在店铺首页，可以把智能单双列宝贝、智能海报和个性化首页三个功能结合在一起来使用，如图4-31所示。

图4-31　千人千面三步过程

4.2　无线端商品详情页面规划

无线端页面的转化情况决定了一个店铺的成败，而无线端详情页的品质高低将会决定一个产品的生意的成败。如何规划好无线端详情页面？接下来我们从六个方面进行详细解读。

4.2.1　无线端详情页面规划的注意事项

无线端店铺详情页面规划需要注意的三个方面：

1. 排版

排版要符合消费者视觉动线，排版是不是能方便消费者快速阅读将决定消费者会不会在无线端页面上停留下来认真查看商品并可能形成转化成交。

2. 内容

内容要精炼扼要，无线屏幕小，用户一次性看到的信息内容比较少，要求我们将最优化的内容信息呈现给消费者，帮用户快速判断。

3. 速度

综合考虑消费者访问的速度，如果访问很慢，造成客户体验不好，就会形成很高的跳失率。

4.2.2　无线端与PC端详情页面设计上的区别

前面讲到的PC端详情页面大部分内容是适用于无线端页面的，区别较大的主要集中在以下四大方面：

- 场景：要考虑消费者在访问无线端页面时的场景，如床上等休闲、碎片化场景，所以我们要考虑客户感受，让客户更多、更快速、更简单地认知产品。
- 尺寸：PC端和无线端的尺寸大小不同，PC端页面长度是800px，而无线端是960px，要考虑在一屏的高度内让消费者看清最重要的内容和信息。
- 策略：在无线端不方便切换页面，可比较性降低，所以如何快速促成客户有强烈购买兴趣并促成成交的策略更为重要。
- 速度：PC端受网速限制影响小，而无线端消费者平均在手机上浏览一个Web页面需要9MB的流量，如果没有WiFi，消费者的流量成本大。

4.2.3　无线端详情页面案例分析

这里抓取几个店铺的案例，和大家分析一下应该注意的主要问题。

如图4-32所示案例1。

优化前：

首屏图片文字太小，诉求不清楚；图片占用空间太大，无效信息过多。

优化后：

强调唯一性和独特性；文字清晰；4色展示，快速将宝贝基本情况罗列清楚。

如图4-33所示案例2。

优化前：

细节展示不清，无法让消费者明确宝贝内部结构，产生购买欲。

优化后：

内部结构大图、宝贝细节设计、做工设计，皆由大图清楚展示出来。

优化前   优化后

图4-32　无线端详情页面案例1

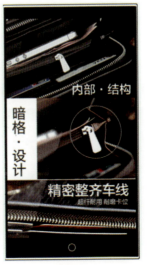

优化前   优化后

图4-33　无线端详情页面案例2

如图4-34所示案例3。

优化前：

图片与背景图融合，无法凸显宝贝；纯放拍摄图，无法表达明确的宝贝信息。

优化后：

宝贝背景设置白色，简洁明了；多角度展示、纹路皮质展示，信息传达清晰。

优化前　　　　　　　　　优化后

图4-34　无线端详情页面案例3

如图4-35所示案例4。

优化前：

宝贝信息和宝贝描述文字过小，消费者无法看清宝贝信息。

优化后：

宝贝信息进行了重新编排和提取，宝贝信息一目了然。

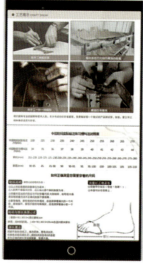

优化前　　　　　　　　　优化后

图4-35　无线端详情页面案例4

如图4-36所示案例5。

优化前：

宝贝重点展示不突出，模板展示过多浪费了消费者流量，降低了购物体验。

优化后：

给宝贝进行重点特写和全方位展示，省时省事省流量。

优化前　　　　　　　　　　　　　优化后

图4-36　无线端详情页面案例5

通过上面案例可以得出无线端详情页和PC端详情页的不同之处，优化细节我们总结如下：

- 图片文字不能太小，无法看清；
- 图片占用空间不能太大，避免出现无效信息；
- 细节展示不清无法让消费者明确宝贝内部结构，产生购买欲；
- 图片与背景图融合，无法凸显宝贝；
- 纯放拍摄图，无法表达明确的宝贝信息；
- 宝贝信息和宝贝描述文字过小，消费者无法看清宝贝信息；
- 宝贝重点展示不突出，模板展示过多，浪费了消费者流量，降低了购物体验。

4.2.4　无线端详情页面的千人千面

千人千面的产品目前分为首页和详情页面两部分，上面介绍了首页部分，接下来介绍无线端详情页面。主要有"智能卖家推荐""智能加购凑单"两个部分（如图4-37所示），以及在详情页面的两个智能模块的功能简介（如表4-3所示）

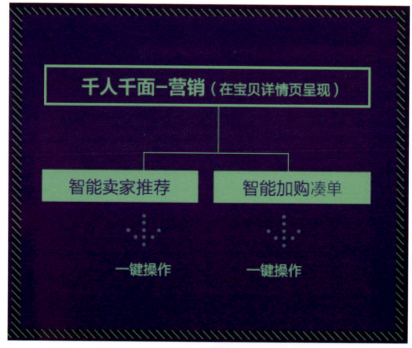

图4-37　千人千面在无线端详情使用

表4-3　千人千面在无线端详情智能模块功能简介

	功能点	功能简介	操作方式
详情	智能卖家推荐	通过一键操作，即可让详情页的卖家推荐模块实现千人千面的商品推荐，提升关联销售	一键式操作
	智能加购凑单	通过一键设置，消费者在详情页加购商品时自动推出满减/满件/满赠等活动，并推送千人千面的凑单商品，提升客单价	一键式操作

1. 智能卖家推荐

从大盘数据来看，智能卖家推荐可以让卖家推荐模块的访客点击率和成交转化率明显提升，对店铺而言，还能帮助做好店铺商品间的引流，当消费者对当前这个宝贝不感兴趣时，可以把他们引流到店内其他更符合需求的商品去。

轻松搞定店铺视觉

案例如图4-38所示。

通过智能卖家推荐，可以让模块的点击率得到显著提升。

图4-38　智能卖家推荐展示

2. 智能加购凑单

案例如图4-39所示。

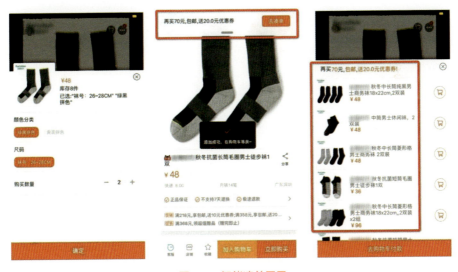

图4-39　智能凑单展示

通过智能加购凑单，该店铺获得了更多的活动曝光，成功提升了客单价。

4.2.5　无线端详情页面的版面规划

针对无线端消费者特征，页面规划时需要注意的问题如下：

- 用户停留时间很短，这就要求无线端详情页面在制作时要尽可能快速地呈现出商品的主要卖点，以吸引消费者关注，防止因为访问停留时间短而造成不必要的跳失；
- 用户的访问逻辑关系发生变化，在无线端对主图的重视程度变得更高，所以我们需要强化主图的呈现，特别是天猫商家现已开放了PC端主图和无线端主图的分离，可以更加方便地使用好五个主图；
- 消费者对无线端详情页面更加注重场景化方式展现，场景化能给消费者带来很好的带入感，强化了消费者对商品的认知。

下面，我们就无线端详情页的版面规划进行讲解。

1. 无线端详情页面逻辑及无线视频

无线端详情页面因用户停留时间比较短的原因，对页面的逻辑性要求变得更高，如图4-40所示，天猫平台在无线端详情页面给出了逻辑结构的示范图，也是有明显的引导逻辑作用。

图4-40　无线端详情页面给出的逻辑结构示范图

新版本的无线端详情页在页面结构化方面有了更进一步的引导功能，从上图可以看到类似以前版本的逻辑结构关系，但是模块更清晰，当然模块之间也可以方便地进行上下位置的调整。

如图4-41所示，新版本的无线端详情页支持无线视频，无线视频对转化提升非常明显，有的店铺很轻松就实现了通过添加了无线视频使得单品页面的转化率提升1倍以上，无线互动视频已经成为无线端时代的成交转化利器。

图4-41　新版本无线端详情页面商品视频示例图

关于无线视频商家要特别注意的事项梳理如下。

1）无线视频的订购

无线视频可以按商家店铺的实际需要进行订购，目前有如图4-42所示三个套餐可供选购，当然如订购的视频功能模块所含流量不足，也可以单独购买充值。

图4-42　无线视频订购三个选项

2）无线视频在哪儿订购？

订购无线视频只需要进入服务市场（https：//fuwu.taobao.com/），如图4-43所示搜索"无线视频"即可找到相对应的产品。

图4-43　服务市场搜索展示

3）无线视频在哪查看计量计费？

选购无线视频后，可以登录阿里多媒体中心（http：//duomeiti.taobao.com）如图4-44所示进行查询。

图4-44　阿里多媒体中心展示

4）无线视频如何查看视频效果？

如图4-45所示，可以清楚地看出无线视频的展示情况，分别有展示PV\UV、播放PV\UV、完整播放PV\UV，以及过去一周无线视频带来的成交金额，可以非常方便直观地可以查看投放效果。

5）关于无线视频的常见问题

问：为什么我无法订购无线视频？提示未订购旺铺智能版？

答：无线视频的展现和播放基于旺铺智能版的产品底层，故需要同时订购旺铺智能版的用户才能订购和使用无线视频。

问：无线视频的功能包是什么？流量充值又是什么？

答：功能包是无线视频使用的前提，订购功能包后里面会包含本月的存储和流量额

轻松搞定店铺视觉

度，当流量额度用完时可以进行流量充值。

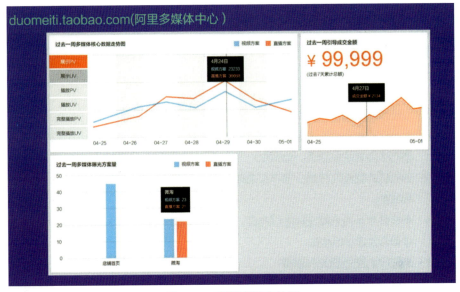

图4-45　无线视频投放效果

2. 无线端详情的逻辑结构

通过分析无线端详情的用户访问情况我们做出了访问过程结构分析，如图4-46所示。可以看出来，消费者在无线端页面是先看主图、价格、评价为主体的第一部分，然后看详情。

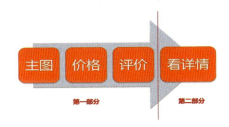

图4-46　消费者查看无线端详情页面流程分析图

无线端详情页面用户访问流程通常为：当点击宝贝主图进入宝贝页面时，首先看到的依次是主图、价格、评价，当对第一部分已有一定认知，并有一定认可产品的情况下，就会进入第二部分，认真查看详情并决定是否购买。由此我们得出第一部分在无线端尤为重要。

1）如何做才能更好地进行主图呈现呢？

无线端主图可以分为首图和其他4张主图。首图的作用是引流，主要考核指标是点击率，而其他4张主图的作用是为了转化服务，更多看转化率指标。通常店铺在进行其他4张主图制作时会依据简版的详情页面的逻辑进行图片的设计。

天猫和淘宝集市店不同之处在于无线端主图和PC端主图是分离的，可以单独为无线端设定主图。天猫规定：图片至少上传1张（第一张不计图片空间容量），图片类型只能为GIF、PNG、JPG，且大小不超过500KB。请不要在商品图片上添加除商品外的其他信息，如水印、优惠信息等，一经发现降权处理。另外天猫主图有五张，每一张都需要按照行业标准发布，不同行业对主图要求会有不同，请进入【天猫品控】→【行业标准】→点击对应类目查看具体要求，通过招商资质细则查看大类规定。

2）为什么要设置商品透明素材图？

- 素材图片将会用于天猫平台活动的会场素材，如果参加天猫平台活动将无需再提交对应的图片素材，很方便。
- 素材图片提交成功后，商品在天猫客户端中的部分导购频道入口中有优先露出的机会。
- 素材图片如果是PNG的透明底图，除以上权益外，还享有天猫平台活动会场等场景优先露出的机会。

3）如何对主图进行设计制作？

考虑到各位设计师都是作图高手，怎么作图就不详说了，简单介绍一下素材基础规范：

- 画布：正方形，要求不小于800px×800px透明背景色，大小不超过500KB。

（有设计师说500KB太小，做不了。其次这个大小是跟商品图片一样的，想想商品图片怎么达到这个大小的）

- 素材抠图，边缘要处理干净，居中放入画布（一定要居中）。
- 素材在画板内要尽量撑满，但不要溢出来，不能超出画板边界。

注：不支持模特图（脚模也不支持）。

当然无线端首图就是要让人产生点击的冲动，可以分别从好奇心理、优惠信息、从众心理等方面进行设计。而无线端后四张主图的核心：让你买，产生转化成交，最简单一句话，四张图就是最简洁的详情页面，可以从场景化、质量好、售后好、活动促销等方面进行展示。除此之外，消费者还会关注价格和评价，这也是影响无线端转化的重要环节，要特别关注。

3. 无线端详情的新玩法

无线端详情第二部分如何做，依据不同的类目有不同的玩法，通常我们会按标品和非标品分类项目。下面我们就无线端详情第二部分的新功能新玩法讲解一下：

- 新版本的详情有了更精细的结构化模块，更好地帮商家进行结构化呈现；
- 新详情页面有了更详细的套餐展示方式，新的套餐可以更方便地进行多件商品的展示；
- 新版本的无线端详情支持了新媒体短视频方式的导购；
- 新版本支持同店推荐，并且有自定义模式和自动模式两种可选，如图4-47所示。

轻松搞定店铺视觉

图4-47　同店推荐的展示

4.2.6　无线端详情轻量化功能

1. 轻量化详情页概述

如图4-48所示，轻量化详情是专为无线端场景设计详情页的一个工具。它拥有加载速度快、引导转化高、加链接方便、功能丰富等优势。

图4-48　轻量化详情页面的好处

轻量化详情是无线端的趋势，如图4-49所示。

图4-49　轻量化详情是无线新方向

2. 轻量化详情页的好处

如图4-50所示轻量化详情有四个方面优势：

- 加快消费者打开详情页的加载速度，只需3～5秒的时间，避免客户流失，提高用户体验；
- 提高转化率，要比文本模式编辑详情页高出30%；
- 加链接功能丰富；
- 配套活动。

图4-50　轻量化详情的好处

如图4-51所示，轻量化详情有强化的自运营功能，帮忙商家提升详情页面转化：

- 在详情页里面添加优惠券；
- 在详情页添加店铺活动；
- 添加宝贝推荐；
- 添加热区链接。

轻松搞定店铺视觉

天猫

02

自运营功能，提升无线端详情页转化

图4-51　轻量化详情的自运营功能

3. 轻量化详情的常见问题

F：已通过神笔设置了无线详情的自运营模块，且成功发布，但手机上却看不到？

Q：请将您的无线淘宝客户端更新至最新版本。

F：我有优惠券，为什么神笔的优惠券里面却没有？

Q：①目前仅支持"店铺优惠券"；②请确保店铺优惠券已设置成"公开推广"。

4.3　无线端工具

通过之前的讲解，我们对无线端首页和详情页面的新功能、新玩法有了一定的清晰认知，并且也了解了无线端页面的重要性，可是要如何才能更高效地完成页面的设计制作，就一定少不了强大的工具支撑。阿里集团在2016年推出了一系列强大的无线化工具帮助商家更好地做好前台页面的呈现，接下来我们重点讲解无线运营中心、神笔、客户运营平台三款工具的使用。

4.3.1　无线运营中心

如图4-52所示是无线运营中心的界面（http：//wuxian.taobao.com），新的无线运营中心整合了无线端店铺装修和广播管理（即微淘后台、互动营销、数据分析等）后台功能。

图4-52　无线运营中心界面

1. 无线端店铺模块

如图4-53所示，把"店铺装修"（首页装修和详情装修）放在其中，并且包括了常用其他功能。

2. 广播管理模块

如图4-54所示，为主要的"广播管理"（微淘管理）发布入口，可以把"发微淘""广播草稿""微淘动态""上新描述配置"集合到这里。

图4-53　店铺装修　　　图4-54　广播管理

3. 互动营销模块

如图4-55所示，互动营销入口可以对"无线应用"和"我的互动"进行管理，其中"无线应用"是直接跳转到服务市场，而"我的互动"主要是已选购的服务市场关于无线互动营销管理模块的集中呈现。

4. 数据分析模块

如图4-56所示，这是主要的数据分析入口，"无线概况"可以对无线端店铺运营实时概况、无线端店铺概况、最近7天数据解读等作出分析；"页面点击"是直接跳转生意参谋的店铺页面点击分析，可以直接查看页面的点击情况；"微淘数据"是对微淘整体情况和单条微淘带来的数据情况分析，包括微淘来源、去向数据分析等。

图4-55　互动营销　　　图4-56　数据分析

4.3.2　神笔工具

神笔，是一款制作宝贝详情的工具，适合新手店长、没有设计师的店长。神笔可以用免费的宝贝描述模板，替换图片就可以制作自己想要的宝贝详情。它跟装修市场有点类似，不过它的模板都是宝贝描述模板，而且可以自己制作替换图片，特别是无线端的详情页，用神笔来做，打开会非常快速，可以大大提高转化率。

1. 进入神笔编辑器

如图4-57所示有四种进入神笔的方式，包括直接输入网址（xiangqing.taobao.com）、从卖家中心进入、从卖家服务市场进入和从千牛工作台进入。

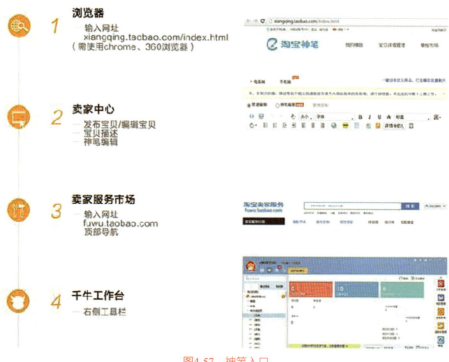

图4-57　神笔入口

如图4-58所示，进入"操作中心"→"宝贝管理"。

图4-58　进入神笔后的界面

如图4-59所示，选择要编辑的宝贝，并编辑无线端详情页。

图4-59　神笔宝贝管理界面

2. 编辑器结构介绍

如图4-60所示为编辑器界面。

图4-60　神笔编辑界面

其中模块区每一个图形分别代表：图片添加、文字添加、尺码添加、视频添加、自运营模块添加，另外，还可以添加设计师模块。更详细模块如图4-61所示。

下面按模块逐一为大家介绍。

1）添加图片模块

图片模块有两个重点：图片支持批量添加、热区链接功能放入图片模块且支持店铺活动链接。详细步骤如下：

如图4-62所示，点击左上角的添加"图片模块"按钮。

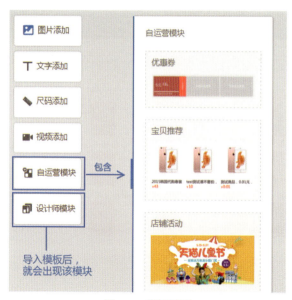

图4-61 模块界面

图4-62 点击"添加图片"按钮

　　如图4-63所示，选择图片空间内的图片，可多选，拖动下方图片可更改插入的图片顺序。

　　插入图片后，一张图片即为一个模块。可对每一张图片进行编辑，也可上下移动或删除该图片模块（删除了模块，就会删除在该图片模块上添加的所有内容），如图4-64所示。

　　图片编辑操作说明如下。

　　如图4-65所示，可进行更换图片、切换图片模式、添加文字、添加热区操作。

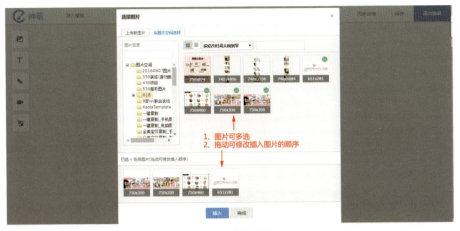

图4-63　选择图片

图4-64　图片操作

图4-65　图片编辑

可以切换图片显示模式（平铺或显示原图大小），图片添加后自动缩放或拉伸到和编辑器一样的宽度，如果要原图片持续显示，可点击切换。

重点部分可以添加热区链接此功能着重标色，是因为消费者会很关注。

如图4-66，文字可自由编辑，更改文字样式、颜色及背景色等，所添加的文字可在该图片模块区域内任意移动，但不能超出该模块。

图4-66　编辑界面

点击"添加热区"按钮，在弹出窗口中（如图4-67所示）选择要链接的内容。目前可链接到宝贝，也可链接到店铺活动（这是新增功能的），可链接的数量为6个（正在争取开放更多）。

如图4-68所示，选择了要链接的内容之后，图片上就会出现粉红色半透明蒙层（以前是蓝色的），该蒙层为发布后链接可点击的区域，大小可调节。

可继续添加热区链接，目前可链接的数量为6个。

2）添加文字模块

如图4-69所示，可更改文字的样式、颜色、背景色等。一般作为标题或者公告说明用。这里添加的文字，是单独的一个模块，与图片模块是并列关系。

轻松搞定店铺视觉

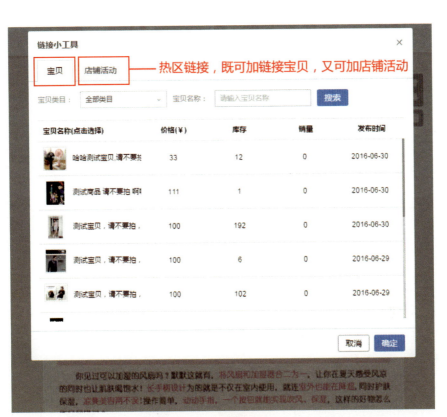

图4-67　链接编辑界面

图4-68　链接生成界面

图4-69　添加文字模块

3）添加尺码表模块

尺码表是直接取该商品在卖家中心里所编辑的尺码内容数据，如已有尺码数据，将会直接显示，如图4-70所示。

图4-70　尺码调用界面

如该宝贝未编辑过尺码信息，或需要修改尺码内容，如图4-71所示，请按提示去商家中心修改。

进入商家中心，如图4-72所示，可以补充或修改尺码信息。

修改完之后，回到神笔编辑器，刷新并保存。

轻松搞定店铺视觉

图4-71 尺码编辑界面

图4-72 尺码补充界面

4）添加视频模块

对于符合视频类目的商品，将会出现视频模块的按钮。

如图4-73所示，在弹层中选择需要插入的视频，目前详情页的视频时长不超过60秒。

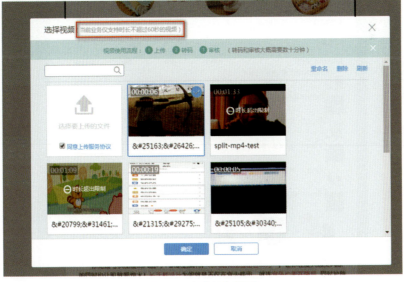

图4-73 视频添加界面

5）添加自运营模块

自运营模块的内容和旧编辑器一样，如图4-74所示，包含优惠券模块、宝贝推荐模块、店铺活动模块。

图4-74　自运营模块界面

以宝贝推荐模块为例，点击模块后，弹出如图4-75所示窗口，在弹层中选择要推荐的三款宝贝。

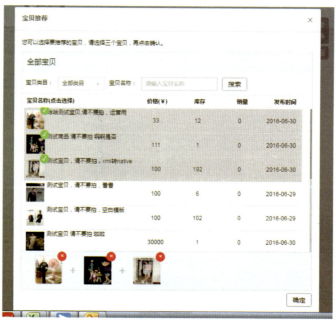

图4-75　推荐宝贝界面

轻松搞定店铺视觉

6）导入模板&编辑设计师模块

如果需要导入已购买的设计师模板，请单击页面最顶部"导入模板"按钮。

选择需要导入的设计师模板，如果需要更多，请到神笔模板市场挑选免费或付费模板（http://xiangqing.taobao.com/list.html）。

选择模板后，可在模板基础上替换商品图片和文字描述。

> 设计师的图片和文字只代表排版结构，只是举例，具体商品信息需要商家自行更换，如未更改模板上的图文信息导致侵权或者其他投诉问题，模板设计者及神笔平台不负相关责任。

如模板中有部分模块需要重复使用，如模特图、海报图等重复出现的模块，可在模块区单击"设计师模块"按钮，选择添加。

7）同步/保存

所有详情内容编辑完之后，如需发布到线上，请在详细检查后单击"同步"按钮如暂时不发布，请单击"保存"按钮。

第5章

天猫店铺视觉推广图篇

众所周知，广告是商品生产者、经营者及消费者之间沟通信息的重要手段，是企业占领市场、推广商品、提供服务的重要形式。

而消费者浏览商品及天猫店铺时，视觉所能接收到的信息只有三种：色彩、文字和图形。在这三种元素当中，又以图形的吸引力最为突出。这也是平台和大量商家选择以图片广告的形式（推广图）做推广的主要原因。

不仅如此，天猫店铺的装修、详情页面的设计都离不开图片的设计。可以说推广图是天猫视觉当中最重要的部分。本章中我们把应用于天猫平台店铺的广告图统称为推广图。

天猫常用推广有：直通车、钻石展位、淘宝客及平台活动等。当商家做推广时，设计出优秀的高点击率推广图可以让推广效果翻倍。

本章将为大家讲解天猫视觉体系中的推广图设计技巧。

5.1 天猫店铺推广图基础

在天猫平台上投放的广告通常是以宣传品牌、流量引入及盈利为目的，可视为商业广告。商家将某一项商品、活动信息、品牌信息等，传递给群体用户和消费者，引起消费者的关注，产生点击及购买行为，最终达到广告投放的目的。

通常一张符合消费者偏好、能引起消费者关注、满足消费者的显性需求和潜在需求的天猫店铺推广图点击率会更高。为了达到广告的预期效果，商家需要对天猫店铺推广做深入的理解。

5.1.1 天猫店铺推广图概述

在天猫平台中，最常用的传递信息载体就是天猫店铺推广图。

天猫店铺推广图中呈现的商品相关内容包括：商品价格、折扣、活动信息、销量、商品图片等。

其中和品牌形象相关的内容一般有：品牌标识、品牌差异化卖点、品牌风格及调性、品牌形象相关元素等。

合理、紧致的设计呈现这些内容，将会提升消费者对商品和品牌的信任。另外天猫店铺推广图的精致与否也直接关系到商家自身形象及在消费者心目中的地位。

1. 天猫店铺推广图的定义

- 广告：广告是为了达到特定的需要，通过某种形式的信息载体和广告媒体，公开而广泛地向公众传递信息的宣传手段。
- 广告图：通过色彩、线条、文字、图片素材等视觉元素，创造出具体直观的广告形象、表现广告信息、深化广告主题和创意的图片称之为广告图。广告图将图片作为广告信息的载体，是商家和消费者之间的联系枢纽。
- 推广图：在淘宝和天猫平台投放，推广品牌、店铺和商品的图片简称推广图。

将要传达的信息框定在指定大小的图片当中，通过设计师的艺术加工设计，具有更高的可读性、更强的视觉效果，从而更容易获得消费者的认同。

2. 天猫店铺推广图的重要性

天猫店铺推广图具有其特殊意义，主要包括以下几个方面：

1）准确表达广告信息

在天猫平台中，商品及活动等信息几乎都是通过天猫店铺推广图传递给消费者的，商家在投放广告前就会制定明确的目标。为达到预期的广告效果，准确传达广告信息是广告设计的首要任务。

由于消费者文化水平、个人经历、受教育程度、理解能力等各不相同，消费者对信息的感知和反应也会不一样。设计广告之前，需要对目标消费者做精准定位和分析。

这就要求设计广告时，用消费者容易理解的语言和感兴趣的内容，准确传递广告信息。

准确传达广告信息，引起消费者的关注和兴趣、不偏离营销活动主题，才能达到广告的预期效果。设计师在设计时需仔细把握。

2）树立品牌形象

品牌识别和品牌形象决定了品牌及商品在消费者心中的地位。

天猫平台具有流量庞大、受众广、消费者对平台信任程度高等优点，是一个非常适合塑造品牌的场地。设计师在设计天猫店铺推广图时，要注意将品牌相关内容有序地传递给消费者，既不能影响消费者对其他信息的获取，也要保证品牌信息的准确传递。

3）引导消费

商品信息、活动信息、品牌信息等都可以引导消费者去关注和购买产品。当然，设计师还可以通过视觉去挖掘消费者潜在的需求，将浏览天猫店铺推广图的消费群体，转换成对商品有需求的精准消费者，从而拉动成交。

4）满足消费者需求

一张优秀的天猫店铺推广图，能帮助满足消费者需求。

消费者在浏览天猫店铺推广图时，既有对商品物质、功能上的需求，也有心理上的需求。例如：商品功能性强、性价比高、品牌知名、服务到位、美观的图片及界面，被尊重等等。

如图5-1所示，天猫店铺推广图文案中的"国民雾霾专用口罩，过滤99%"既对商品的功能做了宣传，又满足了消费者内在的对使用知识急需了解的需求，是一种很好的呈现方式。

图5-1　满足消费者需求的广告呈现（图片来源：案例商家店铺截图）

广告设计是物质文化和生活方式的审美再创造，通过夸张、联想、象征、比喻、诙谐、幽默等手法对画面进行美化处理，使之符合消费者的审美需求，可以激发消费者的审美情趣，有效地引导其在物质文化和生活方式上的消费观念。

色彩绚丽、形象生动美观的天猫店铺推广图，能以其非同凡响的美感力量增强广告的感染力，使消费者沉浸在商品和服务形象给予的愉悦中，使其自觉接受广告的引导。

天猫店铺推广图在商品和活动的表现上，要突出商品的功能性、差异化、性价比、活动力度、品牌调性，从而加强消费者的点击和购物欲望。

消费者的需求被满足就容易产生愉悦感，从而提升天猫店铺推广图的点击率。

3. 天猫店铺推广图投放规划

商家在投放广告时，都希望用较低的广告费用取得更好的广告效果，这就需要商家对广告的投放做针对性的规划工作，包括确定广告投放时间、制定广告目标、形成广告内容、选择广告位置及载体以及确定广告预算等内容。

1）制定广告推广目标

广告目标的确定是天猫店铺推广图设计的基础。通常天猫商家做广告的目的有三种，即：品牌宣传曝光、店铺活动宣传、店铺流量引进。

我们要根据广告的推广目的，明确广告宣传要解决的具体问题，以指导天猫店铺推广图设计及促销活动的进行。

不同广告推广目标的实现，对广告的设计要求是不一样的。

- 以品牌宣传为目标：天猫店铺推广图通常会更多地传递品牌相关信息，而将其他的信息弱化甚至不呈现。
- 以店铺活动宣传为目标：天猫店铺推广图设计时需呈现活动力度及信任店铺所依据的相关内容。例如：店铺的差异化、销量排行、相关荣誉、服务、活动力度、营造活动紧迫感等。
- 店铺流量引进：以点击率为目标，同时也需要考虑到流量的精准度。设计时更多呈现商品相关信息、品牌的差异化、活动优惠力度等。

2）确定受众群体

通常广告投放越精准，效果越好。这里所说的精准指的是浏览天猫店铺推广图的群体是目标消费群体。

为什么要确定受众群体呢？

原因有三：

- 将天猫店铺推广图的浏览者圈定为对商品有需求或潜在需求的消费者，店铺获得的流量更精准，从而降低广告成本。
- 明确受众群体，天猫店铺推广图的呈现可以做到相关度更高。
- 受众群体直接影响广告的投放计划。

在投放广告之前，商家需要确定目标消费者群体，包括他们的属性，以便取得的广告效果更好。

消费者的属性包括性别比例、年龄、购买偏好、所在地域、消费能力、在线高峰时段、所关注的类目及频道等。

3）确定广告投放时间

客户群体确定之后，并不意味着引进的流量就一定精准，广告效果就能达到预期，商家还需要考虑到广告的投放时间段，根据广告投放的目标不同，在时间段的选择也会有所差别。

- 以品牌宣传为目标：选择的时间段往往是平台的流量高峰期。因为品牌宣传面向的客户群体包括但不限于有购物需求的消费者。
- 以店铺活动宣传、店铺流量引进为目标：为了使引进的流量更为精准，一般选择目标消费者和潜在消费者在线时间段为佳。如选择通投，广告投入成本会增加，流量精准性也很难把控。

4）选择广告位置及载体

在天猫平台上做广告，不仅仅只有天猫店铺推广图一种方式，选择适合自己广告计划的载体和广告方式尤为重要。

（1）广告载体选择

根据平台广告的形式不同可以大致分成两类：二维广告、三维广告。

平面广告是二维广告中的一种表现形式，平面广告就是我们所讲的推广图，是通过文字、色彩、图形将信息准确表达出来。

二维广告与平台广告融合还有另外一种形式，如视频广告，是通过声音、动态效果表达信息去表达和传递。例如：主图视频、店铺视频、店铺的GIF动画等等也是二维广告，如图5-2所示，天猫的二维视频广告可以在网红直播中进行植入。

图5-2　网红直播（图片来源：案例商家店铺直播截图）

三维广告是让消费者和网络里的模拟商品互动。例如，消费者浏览产品时可以旋转三维产品以便从各角度观察，对细节处或放大或缩小，甚至可以通过指定的动画试用某些产品功能。

三维交互广告一般都只在店内进行，天猫平台也正在积极开发相关的功能和插件，未来则可能会出现更多形式的三维交互广告形式。

（2）广告位置选择

根据广告的类型不同，我们可选择的位置也不同，详情请见店铺后台。

5）形成广告内容

广告内容一般来说包括以下三个方面：

- 商品信息。主要包括商品图片、卖点、销售价格、销售属性等。
- 品牌信息。主要包括品牌标识、品牌理念、差异化卖点等。

- 主题信息。主要包括活动主题、促销活动、销售方式等。

由于推广图的信息容量有限，设计推广图时，信息量切莫过大，这会最终导致消费者不能准确获取关键信息。

6）确定广告预算

广告预算并非越多越好，商家需要根据自己的实力和以往的店铺数据以及期望达到的广告目标，计算得出投入金额。

一般在店铺的年度规划或者月度规划中会涉及到。

4．天猫店铺推广图设计流程

由于人才欠缺，岗位职责不明确等原因，很多电商企业对流程设计上并不重视，也正因为如此，设计产出效果也会不尽如人意。

为了有效避免这个问题，从提交推广图设计需求到广告产出投放整个过程中，推荐商家制定一套严格的流程，执行时按照流程去做，争取做到更好。

推广图的设计流程分成三个部分：预案设计、推广图设计、优化设计。

1）预案设计

规划投放属性、投放环境、客户信息收集分析、推广图文案设计、推广图创意草图设计。

2）推广图设计

设计师在接到设计需求之后先针对推广活动的推广属性（目标人群属性特征、客户群的偏好、营销点等）进行分析。

再对投放的环境做一个系统的分析，找到推广图脱颖而出的方法（例如：推广图的色调、商品的呈现方式、活动信息调整等）。

然后根据收集到的所有信息，规划并撰写推广图的文案，以简单明了的方式将信息浓缩，以方便消费者快速获取。

最后设计师还需将文案做成创意草图并和小组一起讨论和优化。

当推广图的创意草图设计完成后，接下来需要：定义主题、信息层次分解、构图调整、排版及字体优化设计、色调优化、细节和氛围优化设计。

3）优化设计

为了确保能达到最终的广告目标，需要设计师、运营对推广图做审核。

完成后将设计完成的推广图和设计需求做对比，查看是否有遗漏或者被忽略的部分，主次是否分明，信息传达是否精准有序等等。如发现有遗漏或不完善的地方，及时作调整，以避免影响最终的广告投放结果。之后还可将推广图投放测试，用真实点击率数据，客观地反映推广图的优劣。一般而言点击率低于行业平均值的推广图，我们都视为需优化的推广图。一旦测试的推广图数据反馈不理想就需要对推广图进行优化设计。优化的方向主要是文案和图形处理及排版。

5.1.2 天猫店铺推广图的类型

商家店铺推广图根据付费情况，可分成付费推广图、店内海报广告两大类型。

1. 付费推广图

付费推广图包含直通车推广图、钻石展位推广图、淘宝客推广图、平台活动推广图等。

付费推广图设计的合理与否，直接影响到推广活动的效果达成。

2. 店内海报图

店内海报图通常指使用店内私域流量推广位，无需额外付费的推广图。例如：店内海报、店内首页焦点广告、店铺的友情链接广告等等。

店内海报推广图主要作用是将流量引导至目标商品及页面，从而提升销售额，如图5-3所示。

图5-3 店内海报图（图片来源：案例商家店铺截图）

5.2 推广图设计原则

推广图设计是一门艺术，要求呈现美观，并且达到广告的目标。推广图设计需符合推广图的设计标准、在设计构思中考虑消费者的行为、设计中加上技巧。

5.2.1 构思原则

在设计推广图之前，设计师需对推广图进行构思，解读并分解消费者的点击行为，消费者从浏览页面到点击动作完成这一过程中，通常分成四个阶段，分别是注意、兴趣、判断、点击。

1. 第一阶段：引起注意

打开平台页面，呈现在消费者眼前的不仅仅只有商家自身的推广图，还会有其他店铺的产品及推广图、平台相关内容等等。可以说消费者在短时间内可获取的信息是非常丰富的。如何让消费者在极短的时间注意到我们的推广图就显得尤为重要，这就要求我们的推广图从色彩到信息内容上都能抢眼球。

引起消费者注意的技巧有很多种，常用的如下：

1）色彩对比

色彩对比是一种最简单有效的引起消费者关注的技巧。利用和推广图所处环境色彩高度对比的颜色设计，可以率先获得消费者的关注。所谓的"万绿丛中一点红"就是这个道理。

2）重点突出

在推广图上要突出重点信息，以获得消费者关注。

重点突出的思路主要有三种：

- 扩大重点内容展示面积；
- 弱化其他内容呈现；
- 创造指示物。

设计师在设计推广图时，可利用聚光效果、勾勒重点主体轮廓、背景虚化、重点内容前置放大等技巧，从而引起消费者的关注。

3）创意文案

可读性强、内容新颖、满足消费者猎奇心理的文案通常容易引起消费者关注。

4）创意图像

将视觉元素凭借自己的灵感与创意，创作出让人称赞的视觉效果，同样可以牢牢抓住消费者的眼球。

对于设计师而言，视觉元素的创作虽可天马行空，但不能偏离推广图要传递的本意，并且要让消费者容易理解。

2. 第二阶段：引发兴趣

通常消费者注意到商家的推广图后，便会浏览或阅读。一旦推广图传递的信息让消费者产生足够的兴趣，便很容易产生点击行为，反之则流失。

消费者较感兴趣的内容有：优惠活动、品牌、差异化卖点等，设计师可根据目标受众的特性选择内容，提炼并呈现在推广图中，这是提升点击率非常有效的方法。

3. 第三阶段：帮助判断

尽管消费者对推广图的内容产生了兴趣，但还是会有大部分的消费者并不会马上点击，而是会对呈现的内容做自我的判断。例如判断广告内容的真实性、商品质量问题、价格问题等等。

此阶段，我们的推广图中要是有一些帮助消费者判断甚至是跳过判断的内容，点击率就会更高。

常用的帮助消费者判断的内容有：销量相关、品牌相关等。

常用的促使消费者跳过判断环节内容有：超低价、秒杀、限时折扣、限量商品及赠品等。

4. 第四阶段：产生点击

当消费者对推广图的内容产生兴趣，并且判断内容真实有效，就会点击，但也不排除有部分消费者，还是会处于犹豫状态。

此时就需要帮助顾客下决策，在内容上面适当增加一些能让消费者直接点击的内容，例如消费者收益的呈现、营造紧迫感等等。

想要提升推广图的点击率，就需要对这四个阶段进行优化，把每一个阶段都做得更好。

5.2.2 设计原则

推广图设计需遵循三条原则：主题突出、受众明确、呈现美观。

1. 主题突出

互联网上的推广图，通常只有 3 秒吸引消费者的时间。（注：3秒生存时间指的是消费者浏览整屏页面需耗时3秒，当消费者未切换页面时，默认推广图还有产生点击的机会）3秒之后推广图将面临被忽视、关闭，又或者被点击。

设计师在通过推广图传递信息时，需要将重要信息在3秒之内准确完整地传递给消费者。这就要求推广图主题明确，承载的信息不能过多。

推广图传递多层信息时，通常会通过某一主题传递。而这个主题信息，往往是消费者需要首先获取到的内容。设计推广图时，需要突出主题重点，以方便消费者在第一时间获取到。

常见的主题突出方法有以下几种：

- 将广告主题设置成视觉焦点，或是将主题信息设置在视觉焦点周围，以引导消费者目光往主题聚集。
- 强调呈现广告主题。通常我们会用色彩对比、文字加粗、放大、特效渲染等方式强调突出主题。
- 视觉引导。利用视觉元素将消费者的目光引导到目标主题或主体，如图5-4所示，三角形的小锐角箭头指向商品，消费者的目光会自然而然地跟随箭头聚焦到商品上面，从而突出商品。

如遇推广图承载信息较多，消费者将很难在短时间内获取到重点信息，此时可以将推广图承载信息分层呈现，利用消费者的浏览习惯逐一强化呈现，以方便消费者获取。

推广图设计中信息分层的原则是重点突出重要信息，次重要信息要适当弱化呈现，可有可无的信息要弱化甚至舍弃呈现。

设计师需要将信息再加工，以简洁明了的方式呈现，"少即是多"就是这个道理。

2. 受众明确

在推广图设计过程中，商家需要对推广图所覆盖的消费者进行筛选，确定明确的目标消费者，再根据目标消费者的偏好、习惯、兴趣点等，做精准的广告投放规划及推广图设计，从而达到广告的预期效果。

不同性别的消费者关注点、兴趣点不同，不同年龄层的消费者又有不同，当然这些都是消费者的属性所致。

我们经常在推广图上使用模特图片作为视觉焦点，此时所选择的模特，映射的是目标消费群体，所以在选择模特时，要考虑到消费者的一些基本属性，例如，性别、年龄、职业、地域、文化、收入等相关信息。把目标消费群体的一些基本信息呈现在模特身上，会获得更多目标消费者的认同，从而提升推广图的点击率。

当然目标明确并非只是模特图一项，用目标消费者通用的语言去表述商家的想法，站在目标消费者的视角去表述商品功能、挖掘消费者的需求等都算是对目标明确的一种运用手法。

3. 呈现美观

推广图的呈现美观指的是色彩搭配合理、构图美观、重点突出、素材的细节处理精准，文字及素材的排版规整以及特效使用规范。

美观的推广图会让消费者浏览时拥有愉悦感，视觉表现力更强，更加容易引起消费者的关注。同时，推广图代表的是店铺品牌，想要将品牌的优秀形象传递出去，就必须要求推广图呈现是美观的。

5.3　天猫店铺推广图设计技巧

理解推广图设计的原则和构思之后，我们还需加强广告的设计技巧及应用技巧，以应对各种推广图设计需求。

推广图设计技巧包含呈现技巧和应用技巧。

5.3.1　推广图呈现技巧

推广图呈现技巧是指在构图、视觉元素的排版、细节渲染等方面呈现使用的一系列技巧。一个完美的创意没有合理的呈现技巧，就会变得黯淡无光，甚至是不知所云。同样一个平凡文案的构思和创意，用正确的呈现技巧表现出来同样会获得意想不到的效果。

1. 文案解读优化

一般而言，设计师在开始推广图设计前会拿到设计需求和推广图文案。推广图文案是推广图设计的基础，文案既给推广图的设计圈定了范围，也给推广图的设计指明了方向。

作为设计师，需具备解读和优化文案的能力。

解读文案指的是能够准确理解文案，并能从文案中提取出重点信息。不少商家的文案策划岗位是空缺的或是不成熟的，因此所写的推广图文案会比较冗长，这就需要设计师能理解文案的重点信息和可延展的信息。

优化文案指对文案做浓缩、提炼、语言表述优化、销售逻辑优化等。在优化文案时，需站在消费者的视角审视文案。

同时，设计师在阅读文案时，需要通过联想，产生生动的画面，再将大脑中的画面用消费者的语言和消费者感兴趣的元素呈现在推广图中。

2. 构图设计

在有限的图片空间中将信息准确、形象、生动地传递给消费者，并且引起消费者关注，就要进行合理构图，做到推广图内容呈现的有层次、有重点，并且不会产生信息的相互干扰。

1）留白

从艺术角度来说，留白就是以"空白区域"渲染出美的意境。

从构图上来说，留白能使画面具有层次感，信息更加醒目，加强视觉的冲击力。设计师在推广图构图留白时要做到敢于"留白"和慎重"留白"。

（1）敢于"留白"

在设计推广图时，我们需要通过大量的留白区域让推广图承载的信息形成对比，让重点信息更加突出，同时，大量的留白会让推广图品牌感更强。通常画面留白要占推广图30%以上的面积。

新手设计师常会对推广图的空白区域预留不够，导致推广图信息杂乱，重点不够突出。只要是为表达内容的需要，该留大量的空白空间时，不能因为害怕浪费而塞满所有的空间，以致破坏了形式与内容的关系。而且在版面中大篇幅的"留白"也常被作为呈现"大气"的设计。

（2）慎重"留白"

虽然留白是设计师追求设计品质、创造高雅格调的意境所利用的重要手法之一，但对天猫上的商业广告而言，留白区域也并不是越多越好。过度留白，可呈现的信息就少，容易造成信息传递不完整。

大片空白不可乱用，一旦空白，必须有呼应、有过渡，以免造成整体版面的空泛。如不是为了强化信息的传达，纯粹是为了留白而留白，会让消费者感受到内容不完整，还浪费了空间。

2）版式

推广图的版式设计是为了让推广图信息分明、重点突出，让推广图的整体美观得到提升。常见的版式有左右式结构、居中式结构、上下式结构、斜线构图、三角形构图等。

（1）左右式结构

左右式结构指的是将整个版面分割成左右两部分，并且把图片元素或文案左右放置。根据左半部分或右半部分放置图像，称作左图右文或右图左文。

如图5-5和图5-6所示，左右结构的构图方式采用"文案产品两边分"为原则，这种构图的好处就是能很好地利用人的视觉从左到右的浏览习惯，让客户第一眼就能注意重点信息，快速抓住客户的眼球，从而形成点击。

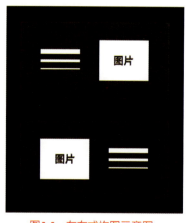

图5-5　左右式构图示意图

图5-6　左右式构图案例

（图片来源：案例商家店铺截图）

这种构图适合各种类目，如果在没有其他更好的构图构思时，左右排版不失为完全的选择。

（2）居中式构图

居中式构图是指分别将图片元素或者文案居中放置的构图方式，如图5-7所示。其中将整个版面分割成左中右三部分的构图方式又叫左中右构图，是左右构图的延伸。

图5-7　居中式构图示意图

如图5-8所示，设计师将推广图的文案居中放置，并将图片元素摆放在文案左右，画面的层次感增强，再给商品添加阴影形成空间感。

如图5-9所示，在推广图的背景上添加文案，推广图画面呈现则更为饱满。但考虑到复杂的背景和文案重叠会相互干扰，不便阅读，因此需在文案底部添加一个半透明的底色层，从而突出文案内容。

图5-8　居中式构图案例1
（图片来源：案例商家店铺截图）

图5-9　居中式构图案例2
（图片来源：案例商家店铺截图）

（3）上下式构图

上下结构是指将整个版面分割成上下两部分，构图方式参考图5-10示意图。这种排版方式对产品的落地性会更稳一些、视觉上会给人造成稳重可信赖的感觉。

如图5-11所示，采用上下构图的推广图符合消费者自上而下的浏览习惯，推广图的信息不易被忽略，而且上下构图符合竖屏理论。上下构图在无线端推广图设计时较为常见。

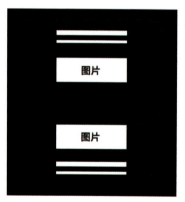

图5-10　上下式构图示意图

图5-11　上下式构图案例

（图片来源：案例商家店铺截图）

如图5-12所示，如推广图文案内容较多，还可以将上下构图再细分至上中下构图。

图5-12　上中下构图（图片来源：案例商家店铺截图）

（4）斜线式构图

将主体元素或文案斜着摆放的造型方式，称之为斜线式构图，如图5-13所示，采用斜线式构图，商品呈现更为活泼，呈现的面积也越大，让整个画面充满张力，可以让主体和需要表达的核心内容更醒目地被传达，此类排版常见于大促活动宣传和运动类目产品广告中，如图5-14所示。

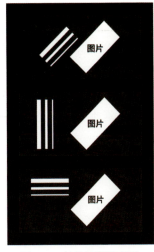

图5-13　斜线构图示意图　　图5-14　斜线构图案例（图片来源：案例商家店铺截图）

（5）三角形构图

三角形构图又叫"金字塔构图"，是指图中的主要元素形成一个三角形轮廓，或者有三处主要元素最为突出，连成一个三角形。正向三角形（一角在上，两角在下）的构图会给人的视觉带来稳定感，而斜三角形或倒三角形也会产生凝聚感和整体感，如图5-15所示为三角形构图当中的倒三角构图，

图5-15　三角形构图（图片来源：案例商家店铺截图）

由于三角形构图有三处或更多处显著元素，安定又不失灵活、变化，是非常好的构图形式。

无论使用哪种构图方式，在设计推广图时要确保构图的视觉平衡。不平衡的构图会使一幅作品所要传达的含义变得不可理解、模糊和不知所云，会有创作突然中断的感觉。从心理学角度讲，平衡能使人心情愉快，而人总是要避免遭遇不愉快的事。

当上边或两侧的物体小于下边或中间的物体时，一幅构图才达到视觉平衡。

3）文字排版

在文字排版的时候，切忌凌乱，凌乱的排版会让推广图毫无品牌感，这样会让消费者感知到"山寨""低档"。我们在排版时，文字一般都会有一端对齐，具体的对齐方式根据构图调整，同时在文字排版的时候，我们也会将最重要的活动主题放大加粗，让消费者第一时间接收到主题信息。

纯文字排版时可通过色彩突出、文字大小突出、文字和色彩的高对比度突出重点文字，如图5-16所示，通过字体粗细和小小的区别，突出文案当中的重点内容。

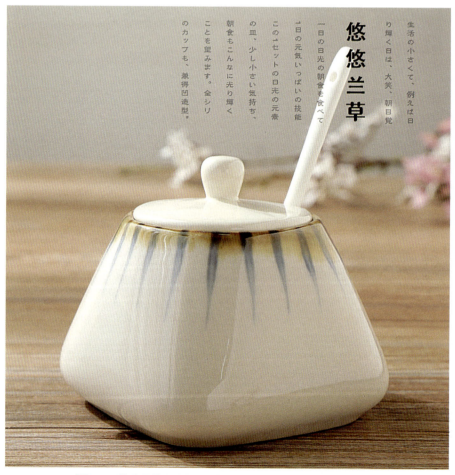

图5-16 推广图的文字排版1（图片来源：案例商家店铺截图）

图文排版时，注意文字和画面中其他元素的关系。画面中的元素包括构图、颜色、字体等等。而关系，则指的是它们之间的距离、大小面积、色彩搭配等等，如图5-17所示。

图5-17 推广图的文字排版2（图片来源：案例商家店铺截图）

4）色彩搭配设计

在推广图设计中，我们需要从品牌、产品、投放环境等多个维度去思考色彩的选择和搭配。

- 从品牌维度思考，所选色彩是否具有品牌代表性，能否让消费者通过色彩联系到品牌。
- 从产品维度思考，所选色彩是否能给消费者传递某项特殊意义的信息。例如，通过橙色传递给消费者美味的信息，通过灰色传递给消费者商品考究、严谨等信息。
- 从投放环境的维度思考，所选色彩能否突出推广图及核心信息。主要注意以下三点：
  - 推广图背景颜色选择要和投放的环境有明显的对比，从而突出推广图，并且所选择的背景色还要和产品有明显的色彩对比，以突出产品。
  - 文字内容的色彩选择时，主题文字为重点，使用对比色，其他文字可以选择辅助色，以保证图片的美观度。
  - 如推广图并非纯底色，而是使用图片作为背景，需用同样的思维方式去选择合适的素材图片做背景，或者调整素材图片颜色，最终达到既能在投放环境中凸显出推广图，又能在推广图当中凸显出商品以及主题信息。

另外，通常推广图选择暖色调会比选择冷色调的点击率高。

5）细节渲染

推广图设计的最后一步是对初步完成的推广图的各个细节做美化处理，让推广图表现得更有质感，并且符合商家的广告思路。

细节渲染主要分成四部分：元素细节、光影处理、文字特效、气氛营造。

- 元素细节：特别是对人物肖像和毛线商品的处理，需细腻。
- 光影处理：通过给元素添加或者调整光线，让元素拥有视觉立体感。一张图片只有同时具备高光、亮光和阴影三种光线的对比才会具有立体感。通常由于设计师在抠取视觉元素时会把某一部分的光线去除，所以在做光影处理时，缺哪种光线补哪种光线，还要考虑到光线的远近和明暗关系，确保更逼真。

如图5-18所示，加强推广图的明暗对比和光影效果，商品的呈现便更为立体和质感。

图5-18　细节渲染光影效果（图片来源：案例商家店铺截图）

- 文字特效：利用Photoshop以及其他设计软件的各种工具、滤镜、图层样式、图层模式、色彩调整等创造出各种文字特效。
- 气氛营造：推广图气氛的营造主要通过色彩渐变产生空间感、让画面真实细腻。使用背景颜色增强活动气氛。

推广图的精致与否直接关系到商家本身形象及在消费者心目中的地位。

5.3.2　推广图应用技巧

推广图的设计构思及技巧在应用时会略有差异，具体需要根据广告类型而定。接下来分析天猫店铺运营中常用的推广图及它们的设计思路。

1. 活动推广图

活动推广图一般指的是推广店铺活动或单品活动图，用于将活动的内容准确传达给消费者的同时将精准的消费者引导到目标页面。

1）店铺活动推广图

店铺活动推广图在天猫店铺十分常见。

轻松搞定店铺视觉

店铺活动推广图是指用作商家自行组织设计的店内活动推广的推广图。店铺活动推广图投放的位置仅限于店铺。

（1）首页轮播焦点图

在天猫店铺的第一屏中部设置的大篇幅的广告区域，我们称之为首页轮播焦点图广告位，以下简称为首焦图，首页轮播推广图是店内海报的一种。

首页轮播广告位曝光度高，是店铺中非常重要的活动推广位置，如图5-19所示，首焦广告一般用作推广店铺活动的主推商品的单品活动及品牌推广等，通过在店内的高度曝光，从而引起消费者的关注。

图5-19　首页轮播焦点图（图片来源：案例商家店铺截图）

（2）店内海报图

除首焦广告以外的天猫店铺内的推广图，统称为店内海报。店内海报推广图是店铺流量疏导的重要手段。海报图设计呈现是否吸引人将直接影响到店内流量的分布，进而影响到流量的留存与跳失，如图5-20所示。

图5-20　店内海报图（图片来源：案例商家店铺截图）

首页轮播焦点图和店内海报图都是在店内进行呈现，它们的作用是将店内的活动呈现给消费者，并且将店内的流量进行引导，最大限度提升流量使用效率。在推广图的设计上需要根据推广图的构思和设计原则进行创作，同时兼顾美观度。

2）平台活动推广图

天猫平台活动，通常指的是平台常规性活动或是平台方组织策划的活动。例如双11

活动、天猫年货节、聚划算等。天猫平台活动非常显著的特点是参与商家众多、活动期间流量大、单次活动成交额高。

由于参与活动的商家较多，商家活动推广图呈现的位置和环境具有不确定性，因此，设计出关注度高、识别度高、点击率高的推广图显得尤为重要。

（1）天猫618理想生活狂欢节活动图

随着天猫品牌升级的推进，2017年天猫将618大促升级为"天猫618理想生活狂欢节"。天猫商家在店铺后台报名成功后，通过推广图的方式聚合在活动页面，形成活动会场，为广大消费者献上一场别具一格的年中狂欢盛宴。

在这样的盛典中活动图的重要性就可想而知了，然而平台对于重要活动的推广图是有很多规范和要求的。（例如统一的活动图模板、不允许添加活动文案等，不同类目和会场限制也会不同，具体需查看活动要求）

在平台允许的范围内，如何设计"618理想生活狂欢节"的活动图呢？设计师要注意以下三点：

第一点：活动图突出。

在会场环境中突出活动图会很容易被消费者关注并点击。设计师可以通过加强色彩对比、背景突出、设置视觉焦点、创意排版设计和呈现等方式突出活动图，如图5-29所示，图中第二行框内推广图由于商品的色彩和周围的色彩对比强烈，再加上活动图的留白强化商品的呈现，就很容易引起消费者的关注。

第二点：商品卖点突出。

通过活动图将商品的卖点、差异化等相关内容重点呈现，引起消费者的关注。由于活动图规范的限制，不能在图片上添加文案内容，若希望突出商品的卖点就需要在背景或者商品上做创意设计，如图5-21所示，设计师在商品的背后添加火焰效果，以表达商品保暖的卖点。

图5-21　商品卖点突出（图片来源：案例商家店铺截图）

第三点：消费者关注点突出。

将消费者对该商品的关注点突出来，可以吸引消费者点击。例如消费者喜欢低价，设计师就可以通过活动图上的商品数量去暗示性价比高，如图5-22所示，图中第一行框内推广图通过呈现商品的丰富性，暗示消费者性价比高，从而吸引消费者关注。

图5-22　天猫618理想生活狂欢节休闲零食会场图（图片来源：天猫官网618活动页面截图）

又比如消费者喜欢一种风格，此时就将商品的风格调性呈现地更为到位，如图5-23所示，通过模特穿鞋的实景图，突出了时尚、青春、朝气。

图5-23　商品的风格调性呈现（图片来源：案例商家店铺截图）

（2）双11活动图

每年天猫平台都会策划双11活动，符合活动报名要求的天猫商家都会积极参与。大型活动的会场推广图如不能够吸引消费者将会错失活动期间的大流量，因此双11活动会场推广图的设计尤为重要。

为了可以获得更多的关注和流量，第一时间引爆活动，设计时应注意以下几点：

第一点，文案突出，做到知其所好、投其所好、以情动人、以利诱人。

推广图上呈现的文案信息，是吸引消费者点击的重要因素。突出店铺活动主题及内容是双十一活动图呈现的重点。在文案撰写时要做到以下几点：

- ◆ 知其所好：了解目标消费者的偏好和兴趣点引起消费者注意。
- ◆ 投其所好：以消费者的偏好和兴趣为切入点引发消费者兴趣。
- ◆ 以情动人：以优异的产品品质、真诚的服务打动消费者。
- ◆ 以利诱人：以消费者的收益去引导点击及成交。

第二点，商品有质感，有卖点。

万变不离其宗，消费者在选择商品时本质需求还是针对商品本身的。优异的商品再加上优秀的商品呈现同样能吸引消费者的关注和点击。呈现商品时要做到主体突出、有质感、清晰描述商品的卖点及差异化卖点。

（3）聚划算活动图

对于聚划算活动图的设计，设计师首先要对相关规定了解清楚，这样才能确保活动图能够通过小二的审核。具体规则请参考聚划算后台。

作为商业图片来说，能够直接明了地表现出商品的主题、宝贝的优势是最为关键的，同时还需保证画面简洁。

- ◆ 推广图背景。聚划算推广建议使用单色的背景，或者是基于统一色调的颜色渐变。另外，背景不能出现水印，以免干扰消费者对商品的浏览。直接将商品的场景图作为广告画面也是较为理想的选择。
- ◆ 构图简约，便于阅读。聚划算推广图的重点是呈现商品，要确保商品相关信息表现到位，不推荐图中堆放多种商品。当推广图确实需要加入多个商品主体，尽量保持商品主体间的大小比例统一。同时还需保证商品图片和背景图片的和谐统一，色彩过多会让消费者找不到聚焦点。
- ◆ 文案不能过多，如图5-24所示，在推广图中适当加入部分文字，这是天猫平台允许的。而在文字的效果设计上不推荐使用渐变描边等效果，以便将内容简洁明快地传递给消费者。
- ◆ 如推广图需添加Logo，Logo的大小要严格按照天猫平台规则，高不能超过120px，宽不能超过180px。

（4）天猫平台其他活动图

除了上面所讲的3种大促活动图外，天猫平台还有非常多的活动及活动图样式、要求，商家可以自行在店铺后台报名并了解。

商家在设计活动图时，需要从如何引起消费者的关注、引发消费者的兴趣以及如何

轻松搞定店铺视觉

让消费者产生点击行为三方面去思考，具体的设计思路可参考前面所讲的三种推广图。

图5-24　聚划算推广图（图片来源：聚划算官网活动页面截图）

2.直通车推广图

在天猫店铺的运营过程中，直通车推广是有效的付费推广方式之一，也是天猫商家投放较多的一种推广方式。直通车的具体介绍和使用参见玩转天猫系列宝典中的《巧妙玩转精准引流》一书。

直通车推广的计费方式是点击扣费。因此，在直通车的推广过程中，直通车推广图的设计思路，不仅要从引人注目获得更多的点击的角度切入，还要用图传达精准信息，以确保流量的精准度，从而提升投入产出比。

直通车的推广要素主要指的是推广图片、推广标题以及关键词。消费者通过搜索关键词，在直通车展位上将看到对应的推广信息（图片、标题、宝贝售价与宝贝成交笔数）。消费者根据感兴趣的推广图点击进入到宝贝详情页面。直通车推广图设计呈现的优劣直接影响消费者的点击，推广图设计是直通车推广的重点内容。

1）直通车推广图规范及展现位置

在设计直通车推广图之前，先对直通车广告有所了解。

用手机淘宝或天猫APP扫描图5-25和图5-26中的二维码，或者在浏览器输入网址即可阅读《淘宝\天猫直通车服务使用规范》和《淘宝\天猫直通车店铺推广服务使用规范》。

图5-25　淘宝\天猫直通车服务使用规范

http：//rule.alimama.com/#!/announce/business/detail？ id=8306451&knowledgeid=5857304

图5-26　淘宝\天猫直通车店铺推广服务使用规范

http：//rule.alimama.com/#!/announce/business/detail？id=8306451&knowledgeid=5857320

（1）直通车推广图规范

直通车推广图《图片标准》将会包含强制及推荐两部分条款。违反强制性标准的商品不得参与直通车做推广，从而无法达到正常的推广效果。遵守《图片标准》将有助于商品更好更美观地进行推广展现。

强制性标准：

- 图片必须充分填充整个展示位，图片与展示位之间不得出现留白现象；
- 图片中如出现文字或水印（如Logo、商品介绍、促销信息、店铺名称等），其内容均须与推广商品和店铺相符，无夸大、虚假信息，亦不得不当使用他人权利；
- 图片中如出现文字或水印，两者面积范围总和不得超过整体图片的30%（以图片大小为310px×310px为例，文字或水印面积之和应小于310px×310px×0.3）。

推荐性标准：

- 图片中如出现文字或水印，建议放置于图片主体的周围，且不要覆盖图片中的商品；
- 图片背景建议使用白底或纯色淡色；
- 建议上传商品实拍图，且为一张单独完整的图片，不建议为多图拼接。

除此之外，《淘宝\天猫直通车服务使用规范》和《淘宝\天猫直通车店铺推广服务使用规范》都对直通车推广图做了规范限制。

（2）直通车呈现位置

直通车广告将会在哪里呈现？

打开淘宝网首页（http：//www.taobao.com），在"搜索宝贝"输入框中输入要购买产品的关键词，点击搜索。出现结果页：

淘宝网搜索结果页面右侧，有12个竖展示位，页面底端有5个横展示位。每页展示17个宝贝，右侧展示1～12位，下面展示13～17位，搜索页面可一页一页往后翻，展示位以此类推，如图5-27和图5-28所示。

图5-27　商品的风格调性呈现（图片来源：案例商家店铺截图）

图5-28　商品的风格调性呈现（图片来源：案例商家店铺截图）

淘宝直通车展现方式：图片+文字。

其他展现位："已买到宝贝"页面中的"掌柜热卖"、"我的收藏"页面中的"掌柜热卖"、"每日焦点"中的"热卖排行"、淘宝首页靠下方的"热卖单品"。

天猫页面的直通车展示位：通过输入关键词或者点击类目搜索时，在搜索结果页面最下方"掌柜热卖"的5个位置（展位个数与电脑分辨率有关），展示位以此类推。

店铺推广的原理跟淘宝直通车单品推广的原理一致，当买家搜索该关键词或类目时，用户的店铺推广就会得到展现，店铺推广也有丰富的展现位置。

店铺推广的展现资源：淘宝网关键词搜索页面、类目搜索页面、淘客搜索页面、热卖宝贝搜索页面。

关键词或类目搜索结果右下侧"店家精选"区域，每页展示3个；搜索结果页面"店家精选"点击"更多热卖"，进入直通车宝贝集合页面最底部"店家精选"，每页有5个，如图5-29所示。

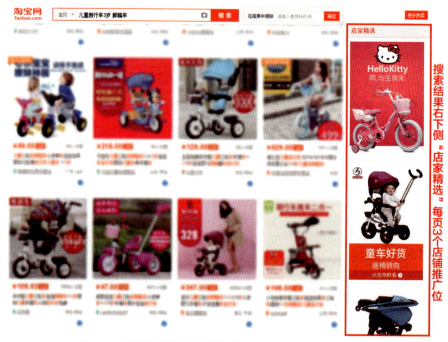

图5-29　直通车展示位置（图片来源：案例商家店铺截图）

天猫直通车的展示位置包含所有淘宝直通车展位的同时，在天猫搜索结果页面最下方还有5个推广位置，显示为"掌柜热卖"，可以打开天猫（http：//www.tmall.com/）搜索框中输入关键词试一下。

（3）直通车推广类型

为了能更好地贴合买家购买需求，把推广覆盖到更多潜在买家，直通车除了宝贝推广，还推出了"店铺推广""活动专区"和"定向推广"等营销产品来辅助商家进行推广。它们具备各自特有的优势，可以根据自己的需求灵活选择组合这些营销产品。

◆　宝贝推广：宝贝是直通车最基础的营销产品，通过给推广宝贝设置相关的关键词，并设定一个合理的出价，当买家搜索该关键词时，推广宝贝就会得到展现。这种推广方式能够明确买家的搜索意图，帮助商家精准锁定潜在目标客户。

- ◆ 店铺推广：店铺推广是基于宝贝推广的一种新的通用推广方式。商家可以对店铺页面（首页或分类集合页）进行精准推广，通过设置与推广页面相关的关键词和出价，当买家搜索关键词时获得展现与流量，满足商家同时推广多个同类型宝贝、传递店铺独特品牌形象的需求。
- ◆ 活动推广：活动推广采取直通车用户自主报名的方式，将一部分符合淘宝特别运营要求的宝贝，在某一段时间，在特定位置上集中展现。活动不定期举行，将在最合适的时间、最火爆的推广位，给商家的宝贝带来目标客户。
- ◆ 定向推广：定向推广依靠淘宝网庞大的数据库，构建出买家的兴趣模型。它能从细分类目中抓取宝贝特征与买家兴趣点匹配的宝贝，展现到旺旺焦点图，"我的淘宝"→"已买到宝贝""收藏列表页""物流详情"等买家浏览的热门展位上，帮助商家锁定潜在买家，实现精准营销。

2）直通车推广图设计思路

设计师接到直通车推广图的设计需求之后，需要先了解投放的计划和投放位置，并结合文案人员撰写的推广文案以及消费者兴趣点开展设计图的设计工作。

（1）明确推广位置

作为设计师需了解投放后推广图在哪个位置呈现，呈现的位置不同，推广图的设计也会有所差异。

直通车推广图可呈现位置，可从店铺后台直通车去查看，而商家的直通车推广图呈现位置，就需要跟运营去沟通。

（2）设计思路

直通车推广图的设计和普通推广图设计略有不同。直通车推广图需面对平台的千人千面环境，不同的消费者看到直通车推广图周边的环境是有差异的。

在直通车推广图的设计过程中，需加强对消费者的关注，并根据推广图的构思原则，逐步加强消费者的点击欲望。

一张高点击率的直通车推广图，仅靠优秀的视觉设计还不够，推广图需具备营销能力，能打动消费者的文案是推广图的精髓。在撰写文案时，需充分考虑到消费者的喜好、兴趣点以及商家独有的卖点等。

投其所好式的文案加上商家或商品的差异化卖点，可以大幅提升推广图的点击率。

如图5-30所示，在撰写直通车文案时，可总结以往的经验并设计出一张策划表，通过策划表可以帮助商家快速撰写、优化文案。

图中第一列推广图设计的构思原则在前文中已介绍，消费者从浏览到点击的过程分成此4个阶段；第二列为在每一个阶段中可起到关键作用的内容；第三至六列为撰写出的推广图文案，每一列视为一系列推广图文案。

广告图新文案撰写（千人千面）		推广图决策1*	推广图决策2*	推广图决策3*	推广图决策4*
引起注意	色彩				
	视觉焦点				
	视觉冲击				
	创意				
	卖点				
引发兴趣	商品				
	活动				
	特价				
	赠品				
	调性				
	需求挖掘				
帮助判断	销量				
	品牌				
	秒杀				
促使行动	限时活动				
	限量销售				
	限量赠品				

图5-30　直通车推广图文案策划表

在撰写新的直通车推广图文案时，要充分考虑到消费者的行为步骤，针对每一个阶段都用1～2项去强化消费者的点击欲望。同时也要避免推广图承载的信息过多，一般一张推广图承载的信息不超过6项。信息过多会造成推广图无重点、视觉分散，最终反而影响了消费者的点击行为，可谓得不偿失。

（3）色彩

此处所说的色彩指推广图的整体色调，包括推广图的背景色、商品颜色、辅助元素颜色等。

推广图的色彩选择及搭配时要注意以下几点：

- 首先，所选择的推广图色彩能在投放环境中突出推广图，引起消费者关注。通常靓丽的色彩，更容易获得消费者的关注。
- 其次，色彩的选择要突出商品。设计推广图时需根据商品的颜色选择对比度较高的亮色，从而达到既突出推广图，又能突出商品的目的。
- 然后，色彩的选择要符合品牌的VI体系。借助色彩传递品牌相关信息。
- 最后，选择色彩时要避免过亮及过暗的情况出现。过亮的色彩容易视觉疲劳，而过暗的色彩则会使消费者产生压抑感。

（4）视觉焦点

视觉焦点的作用是快速聚焦消费者目光。通过在推广图上设置视觉焦点，可快速吸引消费者关注，如图5-31所示。

图5-31　视觉焦点（图片来源：案例商家直通车截图）

视觉焦点的呈现需满足这几个特性：呈现面积较大、色彩对比较高、元素的设计呈现有创意、符合人类的行为习惯。

活动主题、商品、人物肖像、其他图形等均可成为视觉焦点从而吸引消费者的目光。通常人物肖像作为视觉焦点效果要比其他元素好，而这点刚好符合人类的浏览行为习惯。

（5）视觉冲击

视觉冲击是指运用视觉艺术，使消费者的视觉感官受到深刻影响，留下深刻印象。

设计师可以通过画面层次区分、视觉元素引导浏览、强烈色彩对比、明暗色调对比等这几种简单方法提升推广图的视觉冲击力。

（6）创意

视觉创意设计是一种通过创意性想法来表达视觉的一类设计方式。设计师可天马行空地去描述某个和商品及消费者相关的画面，从而引起消费者的强烈关注。

（7）卖点

一般而言，卖点指的是消费者关注的商品特点、功能、消费者收益，是商家用来做营销的重要元素。在推广图上呈现商品的卖点，有助于挖掘消费者的需求，如图5-32所示。

图5-32　商品卖点呈现（图片来源：案例商家直通车截图）

使用直通车投放的精准关键词做卖点并做深挖呈现，点击率会更高。

如果商品有差异化卖点，设计师需重点突出呈现。因为差异化卖点更容易在同类商品中凸显出来，同时也是消费者选择商品很重要的、被认可的利益点。

（8）商品

对于有精准需求的消费者来说，美观的商品图片可以引起关注，再加上商品的卖点以及活动的呈现，消费者需求被满足后就很容易产生点击。

（9）活动

活动是消费者最感兴趣的内容之一，对点击率的影响巨大。活动的策划一般由策划或运营制定，设计师在设计推广图时，只需要将活动准确传达，引起消费者的关注即可。常见活动包括以下几种：

- 特价。以较市场价偏低的价格，在同类商品中脱颖而出。特价对消费者更具吸引力、更有号召力，从而占有更大的市场份额。成规模的商家往往主打价格优势，以特价的形式，赢得自己的市场空间，在竞争激烈的市场空间中，薄利多销成为众多商家制胜的法宝。
- 赠品。赠品促销是指商家在一定时期内为扩大销量，向消费者实施馈赠的促销行为。赠品促销是常用且相对效果较好的促销手段之一。选择的赠品与商品的特性或应用有相关性，则促销的诱因更大，并方便顾客使用产品。
- 秒杀。所谓"秒杀"，是商家通过线上渠道发布或设置较低价位的商品，供消费者在同一时间网上抢购的一种销售方式。
- 限时活动。在指定的时间内进行促销活动，可以将流量在短时间内聚集，最终实现营业额的大幅提升。
- 限量销售。限量促销是抓住消费者"追求独特"的消费心理，利用物以稀为贵的稀缺性共识来销售限制数量的商品，吸引追求个性的消费者。限量促销法是给消费者心理上围绕商品制造紧俏的销售氛围从而达成促进销售目的的一种销售方式。

（10）调性

广告设计中的调性是指广告画面所体现出来的广告诉求的感知形象。一切物体是由视觉元素构成，要把这些视觉元素经过设计呈现在推广图上时，要考虑色调、明暗和反差。当推广图设计偏明调，推广图呈现就越活泼，越偏暗调，推广图呈现越刚硬。色彩明暗反差不同，人的心理反应就会不同，也就是推广图设计调性的作用。

（11）需求挖掘

通过视觉呈现挖掘消费者的潜在需求来开发客户、跟住客户（建立关系）、激发需求（引导点击）、转化点击。

（12）销量

消费者搜索商品时，对于高销量的商品具有一定的敏感度，较多消费者在选择商品时，都会优先点击高销量的商品，这也正是从众心理的表现。天猫商品的销量一般有两种方式呈现，即月销量和累积销量。月销量是直接呈现在商品下方的，而累积销量指的是商品上架到目前为止的总销量，只能是在店铺的宝贝排行榜的销售量中呈现。如果当前的月销量较高，我们一般会选择在推广图上呈现，反之我们则会呈现累积销量。

（13）品牌

低价策略虽然适用于某类商品且能够吸引部分消费者，但是与品牌相比较而言，品牌更凸显的是一种保障，这也是越来越多的消费者选择天猫商城的原因之一。品牌呈现传递给消费者的是一种可靠、可信赖的信息。品牌及品牌影响力也是吸引消费者点击的一个重要原因。因此，设计师在设计直通车推广图时，需要将品牌信息呈现给消费者。

在设计直通车推广图时还要注意以下几点：

- 商品卖点重点呈现。直通车的流量比较精准，商品的卖点是消费者关注的重要内容。突出重点、呈现商品卖点对推广图的点击有明显的影响。
- 商品图片清晰。清晰的图片才能体现商品的质感，如遇商品图片不够清晰，设计时就需对商品做锐化处理，使商品的纹理质感得到强化。设计师还可以选择在设计完成之后对整张推广图做适当的锐化处理，这样，推广图的统一性会增强也会变得更加清晰，如图5-33所示。

图5-33　商品图片锐化处理突出质感（图片来源：案例商家店铺截图）

- 商品与背景色对比度要高。当商品颜色与背景色相同或者相近，商品的辨识度就会降低，消费者的注意力容易分散。提高商品和背景色的对比可以让消费者的注意力向商品集中。
- 文案精简，方便消费者快速获取信息。
- 文字排版整体统一。文字排版杂乱，会很难让人感受到品质。整齐的排版会让消费者感受到品牌的调性，因此设计师要注意文字的对齐、间距、色彩及大小的统一性。
- 文字不能覆盖商品主体。

3）无线端直通车推广图设计

如图5-34所示，由于受手机屏幕大小的限制，商品主图就会占据一半篇幅。展现在消费者面前的关于店铺的一些其他信息相对较少，消费者主要看到的就是主图和标题，所以无线端更强化了图片对点击率的影响。一张设计优秀的主图能快速抓住消费者眼球，若再配合适当的文案，比如突出卖点或促销的文案，则更能让消费者产生点击。

图5-34　无线端搜索结果页面

无线端直通车推广图设计的注意事项：

- 文案从简，突出商品，商品占据推广图的面积要大，加深商品的色调，突出商品主题。
- 文字字号要放大。由于手机分辨率高、屏幕小，文字字号太小就会被弱化。推荐字号：主标题最小字号50px，副标题最小字号30px，内容最小字号18px。
- 左上角要给系统标签留位置，在无线端投放直通车，系统会在推广图的左上角添加一个红色三角HOT标签，会遮盖该区域的所有内容。设计时不能将重要信息放置在此处，避免被覆盖后影响到消费者的阅读。

3. 钻石展位推广图

钻石展位（简称：钻展）是淘宝网图片类广告位竞价投放平台，是为淘宝/天猫商家提供的一种营销工具。

1）钻石展位的介绍

钻石展位展示网络推广是以图片展示为基础，精准定向为核心，面向全网精准流量实时竞价的展示推广平台。钻展的具体介绍和使用参见玩转天猫系列宝典中《巧妙玩转精准引流》一书，如图5-35所示。

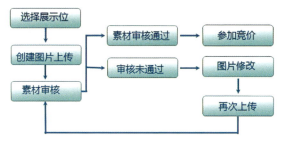

图5-35　PC钻展重点资源位：我的淘宝→已买到的宝贝→热卖单品

钻展的一个重要属性是其定向功能。定向投放有助于提高广告转化率。

定向功能包括：群体定向、访客定向、兴趣点定向。

用手机淘宝或天猫APP扫描图5-36和图5-37中的二维码，或者在浏览器输入网址即可阅读钻石展位（试用版）/商品推广服务功能使用规范和钻石展位（试用版）/全店推广服务功能使用规范。

图5-36　钻石展位（试用版）商品推广服务功能使用规范

http://rule.alimama.com/#!/announce/business/detail？id=8306455&knowledgeid=13109192

图5-37　钻石展位（试用版）全店推广服务功能使用规范

http://rule.alimama.com/#!/announce/business/detail？id=8306455&knowledgeid=13109180

2）钻石展位呈现位置

呈现位置主要集中在：淘宝、天猫首页以及各个频道大尺寸展位、淘宝无线APP端以及淘宝站外（如新浪微博、腾讯、优酷等）各大优势媒体。可以在钻展后台"资源位"中查看，分19个行业，其中"网上购物"为淘宝站内的资源位，其他为全网资源，如图5-38所示。

详细资源位如图5-39所示。

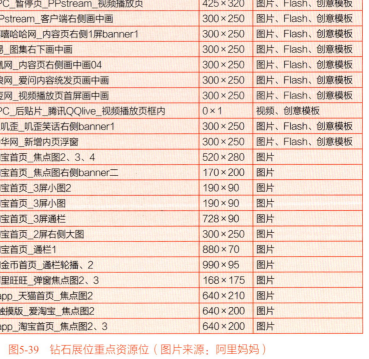

标签	资源位名称	创意尺寸	创意类型
站外优质资源位	站外_PC_优酷视频网_播放页首屏画中画	300×250	图片、Flash、创意模板
	站外_PC_新浪微博_首页右侧推荐	186×275	图片
	站外_视频_PC_暂停页_youku视频网_视频播放页	400×300	图片、Flash、创意模板
	站外_PC_凤凰网_咨询内页图文01	300×250	图片、Flash、创意模板
	站外_PC_新浪微博_首页底部通栏	950×90	图片
	站外_视频_PC_暂停页_优酷视频网_视频播放页	640×480	图片、Flash
	站外_视频_PC_暂停页_腾讯QQlive_视频播放页	400×300	图片、Flash、创意模板
	站外_PC_优酷视频网_放页通发画中画	300×250	图片、Flash、创意模板
	站外_PC_PPTV_客户端播放页右下画中画	300×250	图片、Flash、创意模板
	站外_PC_GDN接入虚拟网站流量	300×250	图片、Flash、创意模板
	站外_视频_PC_暂停页_PPstream_视频播放页	425×320	图片、Flash、创意模板
	站外_PC_PPstream_客户端右侧画中画	300×250	图片、Flash、创意模板
	站外_PC_嘻嘻哈哈网_内容页右侧1屏banner1	300×250	图片、Flash、创意模板
	站外_PC网易_图集右下画中画	300×250	图片、Flash、创意模板
	站外_PC凤凰网_内容页右侧画中画04	300×250	图片、Flash、创意模板
	站外_PC新浪网_爱问内容统发页画中画	300×250	图片、Flash、创意模板
	站外_PC土豆网_视频播放页首屏画中画	300×250	图片、Flash、创意模板
	站外_视频_PC_后贴片_腾讯QQlive_视频播放页框内	0×1	视频、创意模板
	站外_PC_上叽歪_叽歪笑话右侧banner1	300×250	图片、Flash、创意模板
	站外_PC_中华网_新增内页浮窗	300×250	图片、Flash、创意模板
站内优质资源位	站内_PC_淘宝首页_焦点图2、3、4	520×280	图片
	站内_PC_淘宝首页_焦点图右侧banner二	170×200	图片
	站内_PC_淘宝首页_3屏小图2	190×90	图片
	站内_PC_淘宝首页_3屏小图	190×90	图片
	站内_PC_淘宝首页_3屏通栏	728×90	图片
	站内_PC_淘宝首页_2屏右侧大图	300×250	图片
	站内_PC_淘宝首页_通栏1	880×70	图片
	站内_PC_淘金币首页_通栏轮播、2	990×95	图片
	站内_PC_阿里旺旺_弹窗焦点图2、3	168×175	图片
无线资源位	站内_无线_app_天猫首页_焦点图2	640×210	图片
	站内_无线_触摸版_爱淘宝_焦点图2	640×200	图片
	站内_无线_app_淘宝首页_焦点图2、3	640×200	图片

其中单品推广手淘重点资源位：

- 手机淘宝→猜你喜欢（第4、6、8排带有"HOT"标志的三个资源位），如图5-40所示。
- 手机淘宝→消息中心→淘宝活动，第一张小图里的所有宝贝，如图5-41所示。

图5-40　手淘钻展重点资源位：
手机淘宝→猜你喜欢

图5-41　手淘钻展重点资源位：
手机淘宝→消息中心→淘宝活动

单品推广PC端重点资源位：

- 我的淘宝→已买到的宝贝→热卖单品，如图5-42所示。
- 我的购物车→掌柜热卖。
- 淘宝收藏夹→热卖单品。
- 我的淘宝首页→猜你喜欢，如图5-43所示。
- 我的淘宝→物流详情页。

图5-42　PC端钻展重点资源位：我的淘宝→已买到的宝贝→热卖单品

图5-43　PC端钻展重点资源位：我的淘宝首页→猜你喜欢

3）钻石展位推广类型

（1）全店推广

- 适合有一定活动运营能力的成熟店铺。
- 适合需要短时间内大量引流的店铺。

（2）单品推广

- 适合热卖单品，季节性单品。
- 适合想要打造爆款，通过一个爆款单品带动整个店铺销量的卖家。
- 适合需要长期引流，并不断提高单品页面转化率的卖家。

如图5-44所示。

图5-44　单品推广（图片来源：案例商家店铺截图）

4）钻石展位推广图设计思路

（1）明确推广位置

不同的钻展，消费群体会有差异，推广图位置所在的周边环境也不同，而这些内容都直接影响到推广图的设计。

（2）设计思路

钻石展位推广不同于直通车推广，钻石展位一旦投放，广告位置是固定的。因此在策划钻石展位推广图文案的时候，可以使用参考竞争店铺的方式去做。

如图5-45所示，在撰写文案时，我们可以参考多家竞争店铺的钻石展位推广图。图中第一列为参考的项目；第二至五列为竞争对手的钻石展位推广图分析；第六列为我们钻石展位推广图文案的决策，也就是最终成型的文案。此表格还可以用于在固定环境下（类目活动等）推广图的策划。

竞品/环境分析（广告图固定环境文案、参考对手文案）					
	竞品一/上	竞品二/下	竞品三/左	竞品四/右	推广图决策*
色彩					
视觉感受(调性)					
卖家诉求（吸引消费者点击的理由）					
活动主题					
活动内容					
品牌					
销量					
其他					

图5-45　钻石展位文案策划参考表

这种文案策划的原理：同行的钻石展位推广图也都是经过策划的，当我们分析同行的推广图，并且确保推广图中的每一项都比竞争对手优秀时，点击率自然而然就上去了。当然前提是我们需要收集大量经过策划的竞争对手的钻石展位推广图片。

无线端钻石展位和PC端的钻石展位推广图设计思路相同，设计方法略有不同，请参考无线端直通车推广图设计的注意事项。

4. 淘宝客推广图

淘宝客是针对淘宝掌柜的一种推广工具，支出成本可控，推广渠道广泛，可有助于店铺提升店铺成交机会。加入推广不需要提前充值，合理设置佣金比例，由推广者（淘宝联盟）选择性推广，以成交计算佣金。推广者基本以淘宝网之外的渠道帮掌柜推广且推广成功以后（买家确认收货），按掌柜设置的佣金比例计算佣金。

1）淘宝客推广图文案构思

淘宝客推广平台不限于在淘系平台，还可以在站外平台投放。因此我们所面对的浏览者未必是有购物需求的消费者，如何让浏览者对广告的内容产生兴趣，完成点击行为呢？

淘宝客推广图的构思就是为了解决这一问题。

- 吸引关注。淘宝客推广图首先要解决吸引消费者的问题。通过和周边环境高度的色彩对比，设置个性、有创意的视觉表现图稿，文案内容着重于挖掘消费者需求及卖点，综合呈现于设计图上引起消费者的关注。
- 活动、商品价值。推广图上的单品、店铺活动足够吸引人，商品的价值得到重点呈现是让消费者产生兴趣的重点。
- 消费者收益。推广图的信息需和消费者有关，在文案的呈现上把商品和活动与消费者关联，以利诱人是提升点击的重点。

在明确推广图的构思之后，文案的撰写需要做到以下四点：

- 文案易解读：文案内容简洁明了、活动信息表现直接，能够迅速打动消费者。
- 色彩搭配：推广图的色彩搭配要靓丽，色彩鲜明并且能突出推广图中的重点。通过推广图的色彩搭配吸引消费者眼球，引起消费者的关注。
- 视觉焦点：在推广图上设置视觉焦点，聚焦消费者目光。
- 信息分层：信息要有序传达，确保消费者首先看到更重要的信息。

2）淘宝客推广图设计（创意）

淘宝客推广图的设计方法和其他推广图的方法类同，为了强化点击，设计师还可以从这5个方面着手：视觉冲击、创意独特、识别度高、强化记忆、消费者收益。

（1）视觉冲击

推广图的视觉冲击就是运用视觉的艺术表达方式，使消费者的视觉感官受到影响，留下深刻印象。可以通过创意造型、颜色对比等方式展现出来，给予感官刺激。

设计师在设计淘宝客推广图时，视觉焦点的选择是关键。选择一个消费者较敏感的元素并且通过有创意的设计作为视觉焦点，可以提升推广图的关注度，再利用色彩渲染，强化视觉冲击力。

（2）创意独特

利用合理的夸张手法，将产品或者主题信息表现得更为生动，加深或放大消费者对推广图中的某项信息的认识。

（3）识别度高

品牌识别度是指：当一个品牌、产品或广告的名字被描述或提及时，人们反映出的知晓度情况。

（4）强化记忆

品牌的忠诚度、知名度、感知质量、品牌联想构成了一个品牌的主要资产维度，各不相同，又相互联结。

把品牌打造成品类的代名词，也就占据了消费者心理认知的高地。记忆在人的一生扮演重要角色，同样也反映在产品定位、消费者购物的过程中，记忆是一个品牌联想的前提。因此，品牌要尽可能地拓展与目标群体的接触点，留下品牌记忆，生成不同维度的品牌联想，并积极管理加以强化，形成一个统一的品牌形象，占领消费者的心智。

强化对品牌联想的记忆，才能打动消费者的心。

（5）消费者收益

这里提到的消费者收益并非是消费者真正的收益，而是消费者从推广图中感知到的收益。收益的内容一般可分为实质收益和情感收益两种。实质收益是消费者所能享受到的客观实际的收益，而情感收益是带给消费者情感上的慰藉和满足感。通常商家会对消费者收益做强化呈现，让消费者产生点击和购买的欲望。

第6章

天猫店铺视觉
数据篇

数据化运营，是通用的运营方式，用来检验、考评每一项工作结果的好与坏，店铺视觉效果的考核也并非凭感觉，必须用数据来检验。本章将重点学习如何用数据工具来获取有关视觉工作的各项数据指标，并对其进行分析和判断来找出视觉工作中存在的问题，并以此为参考进行优化调整。

6.1　获取数据的工具

想要采集判断店铺视觉营销的可参照数据，首先需要了解在店铺装修及视觉营销方面商家应该掌握和了解的数据工具及相关数据指标。

6.1.1　生意参谋工具

在店铺视觉工作中，一般常用的数据工具是"生意参谋"（如图6-1所示），其工具地址为https://sycm.taobao.com/（使用手机淘宝或天猫APP扫码图6-2中的二维码），生意参谋是阿里巴巴服务商家统一数据的输出平台。"生意参谋"有多个版本，在这里不做过多介绍。生意参谋的详细功能及介绍请见玩转天猫系列宝典中《天猫工具大全》一书。本章仅对需要了解的视觉相关数据做重点介绍，其中生意参谋的标准版和装修分析两个版本在视觉工作中获取数据最为常用。接下来详细了解一下这两个版本。

图6-1　生意参谋首页

图6-2　生意参谋入口二维码

1. 生意参谋标准版

生意参谋标准版是针对商家免费使用的版本，其获取到的数据可以支持大多卖家的常规运营，下面主要介绍标准版里可以获取视觉相关数据的部分：

从标准版首页中（如图6-3所示），商家可以获取访客数、浏览量从而可以得知店铺单一访客访问的页面数量，也就是所谓的平均访问页面，同时在生意参谋首页里还可以看到平均停留时长，从而可以判断页面设计是否合理。

图6-3　生意参谋店铺登录后首页

实时频道内（如图6-4所示），可以获取到商家运营过程中的（包括实时概况、实时来源、实时榜单、实时访客等）大量实时数据，使商家可以实时洞悉数据，抢占生意先机，从实时页面里商家可以看到店铺每日流量高峰及访客地域高峰，从而记录统计，可以判断不同时段、不同地域访客进入的习惯来做页面定位的判断。

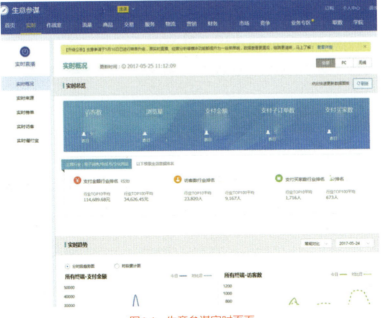

图6-4　生意参谋实时页面

经营分析（如图6-5所示）包含了流量、商品、交易、服务、物流、营销、财务等频道，可以对上述几项店铺数据进行全链路的经营分析。其中停留时长、详情页跳出率等数据是重要的视觉考核数据指标。

图6-5　生意参谋经营分析页面

取数（如图6-6所示），可以根据店铺或者商品的维度进行自选时段、自选指标的报表生成，视觉相关数据也可生成一张专属的报表，譬如获取访客数、浏览量、平均访问页面数，平均停留时长、UV价值等。

图6-6　生意参谋取数页面

学院（如图6-7所示），针对不熟悉数据获取方法及分析的商家进行多种形式的教学指导，使得商家轻松玩转数据化运营、当然也可以点播关于视觉数据分析优化的课程进行学习。

图6-7　生意参谋学院页面

2. 生意参谋装修分析

生意参谋装修分析是需要商家进行付费购买方可使用的版本（商家需根据自行运营情况决策是否购买），装修分析版本主要围绕商家装修视觉上的多维度、多页面、多终

端、多数据的原则进行展开。其中，

- 多维度是指按模块、链接、热力图，让商家的装修数据更精准，轻松留住消费者；
- 多页面是指首页、详情页、自定义页等页面让商家全盘掌握全店及单品的装修效果；
- 多终端是指新增无线端装修分析，让店铺PC端、无线端两手抓，及时掌控无线装修效果；
- 多数据是指新增商品引导转化效果，让商家轻松知晓装修效果数据，及时有效调整店铺装修。

其购买入口在服务市场（请使用手机淘宝或天猫客户端扫描图6-8中的二维码）https：//fuwu.taobao.com/index.html 搜索"生意参谋"选择装修分析版本订购。

图6-8　卖家服务市场入口二维码

生意参谋装修分析，是一款指导店铺装修的实用数据功能插件，热力图功能则直观地展示数据，告诉商家消费者的浏览喜好，让店铺装修有的放矢。

在线下经营的场景中，无论是街边小店还是品牌旗舰店都非常重视店面装修。有的商家不惜重金购买咨询公司的研究报告来获取对顾客最具吸引力的店面装修方案。

1）如何使用装修分析

打开"生意参谋"→"经营分析"→"装修分析"，如图6-9所示。

图6-9　装修热力图入口（来源：生意参谋后台）

定制需要查看的装修页面（自定义或者商品详情页）。

温馨提醒：除默认首页外，PC端和无线端分别可自定义添加20个页面，如图6-10和图6-11所示。

图6-10　装修分析详情页定制分析管理页

图6-11　添加详情页和自定义页

鼠标框选需要查看的区域，如图6-12所示。

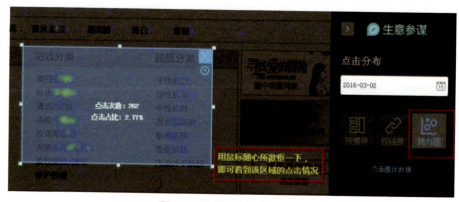

图6-12　热力图设置选区步骤

直击"热"点区域! 如图6-13所示。

图6-13　热力图分析首页

2）热力图的妙用

关于导航，用户的需求一目了然，可以结合需求将导航区做个优先级排序，如图6-14所示。

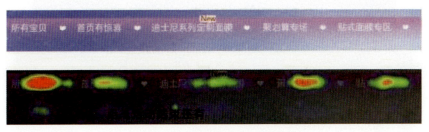

图6-14　热力图测导航关注数据

关于搜索，这么高的热度，说明用户在首页导航找不到需要的产品，那么分类上是否可以进一步的优化？将用户关注的词设置推荐，如图6-15所示。

图6-15　热力图测导航关注数据

关于促销，用户更喜欢什么类型的促销？优惠券、满减、满送、抽奖？从页面的点击热度一眼看穿，用户更喜欢的是运气，那么在店铺装修的时候，可以考虑将抽奖促销做得更明显点，如图6-16所示。

用来测款，可以关注热点区域，关注用户的点击情况，对款式和颜色做对比，及时调整页面布局和备货情况，如图6-17所示。

图6-16　热力图测模块关注热度数据

图6-17　热力图测模块点击关注热度数据

6.1.2　数据名词解释

使用数据工具及店铺装修做数据分析会涉及到的相关数据指标名词，释义如下：

1. 浏览量

店铺所有页面被访问的次数，一个人在统计时间内访问多次记为多次，所有终端的浏览量等于PC端浏览量和无线端浏览量之和。

2. 访客数

统计时间之内，访问店铺页面或宝贝详情页的去重人数，一个人在统计时间范围内访问多次只记为一次。所有终端访客数为PC端访客数和无线端访客数相加去重后的总数。实时计算过程中，店铺流量高峰时，可能会出现交易数据处理快于浏览数据，导致访客数小于支付消费者数。

3. 点击率

在统计时间内，商品在搜索后被点击的比率，即点击次数/曝光量。

轻松搞定店铺视觉

4. 搜索点击率

统计日期内，从搜索结果页面点击到商品详情页的点击人数/搜索结果页的访客数，即搜索结果中用户点击商品的比率。

5. 下单转化率

统计时间内，下单买家数/访客数，即来访客户转化为下单买家的比例。

6. 支付转化率

统计时间内，支付买家数/访客数，即来访客户转化为支付买家的比例。

7. 下单支付转化率

统计时间内，下单且支付的买家数/下单买家数，即统计时间内下单买家中完成支付的比例。

8. 详情页跳出率

统计时间内，宝贝详情页跳出浏览量/宝贝详情页浏览量，即访问次数中，跳出行为的访问次数占比。跳出浏览量是指，宝贝详情页被访问后，没有跳转到店铺的其他页面的访问次数。

9. 跳失率

只访问了该宝贝1个页面就离开的访问次数占该宝贝总访问次数的百分比。

10. 平均停留时长（秒）

来访店铺的所有访客总的停留时长/访客数，单位为秒，多天的人均停留时长为各天人均停留时长的日均值。

11. 人均浏览量

浏览量/访客数，多天的人均浏览量为各天人均浏览量的日均值。

12. UV价值

计算公式为UV价值＝支付金额／访客数。

6.2 推广图数据诊断及优化建议

推广图设计的好坏，在天猫店铺运营中已然不再是单纯地从美丑角度上进行判断，更客观的判断角度是从数据出发，利用数据软件工具获取数据并进行分析，从而确定推广图的优化方案。

6.2.1　诊断数据来源

推广图优劣不能以个人的主观意识去判断，自己喜欢的推广图并不意味着消费者也喜欢，或者说消费者更关注围绕买家购物利益的内容，譬如产品、价格、质量等。只有通过综合的数据反馈才能真实有效地判断推广图的优劣。

根据推广图投放项目的不同，商家在后台得到的数据可以分成两大类，即店铺数据和平台数据。店铺数据指的是生意参谋当中得到的相关推广图数据；平台数据指的是通过营销平台对投放推广图状况的数据反馈。

1. 生意参谋数据

"生意参谋"是阿里巴巴旗下产品，是天猫商家或天猫店铺运营过程中不可或缺的数据工具，生意参谋不仅对店铺的运营情况给出数据，同时也可以对店铺的视觉做出相关的数据反馈。对视觉来说，生意参谋装修分析版本中的热力图给出的数据可以直接反映出视觉的优劣及布局排版是否科学合理。

2. 直通车报表数据

直通车是天猫店铺进行推广应用最多的一种工具，商家可以通过直通车后台报表（如图6-18所示）快速地对推广图投放情况做诊断分析。直通车推广报表可以非常清晰地标示推广图的点击率数据，当点击率低于行业平均水平时就需要对直通车推广图进行优化。

图6-18　直通车报表页面

3. 钻石展位报表数据

钻石展位推广报表（如图6-19所示）当中会非常清晰地标示推广图的点击率，在钻石展位推广中，点击率的高低直接影响着广告费支出的使用效率，点击率低也就浪费了广告费，点击率高低的衡量标准主要是看行业的平均点击率及位置的平均点击率。

图6-19　钻石展位报表页面

4. 热力图点击率数据

以店内海报为例，首先需要在热力图中添加所投放的页面，经过一段时间的投放和监测，就可以得到推广图的点击数据。为确保数据更精准，通常测试投放周期为一周。

6.2.2　推广图优化建议

当商家对推广图的数据有了初步的分析后，数据反馈出推广图点击情况不尽如人意，商家就需要对推广图进行优化，以确保广告投放效果达到预期。

推广图主要由文案和主体图、素材等元素通过设计排版而成。因此，优化推广图是从这四个方面考虑，逐个优化比对，找到薄弱环节做修改调整。

1. 图片文案优化建议

文案是推广图的精髓，文案内容往往都是要与消费者购物的利益点息息相关。一个好的文案可以吸引消费者关注、驻留，甚至点击；反之，文案出现了问题也会直接影响推广图的点击率。

1）推广图文案容易出现的误区

- 文案主题不明确，譬如经常会出现"限时特惠""质量保证"等没有实质意义的文案，或者出现一些泛泛的广告语，对消费者未能产生触动，此类文案体现的价值不大，反而会影响消费者对于产品的直观判断、体验，从而导致点击率降低。

- 文案和消费者相关度较低，往往这种情况是文案表达与消费者搜索关键词或与消费者关心的利益点不相关，针对消费者关心的产品、产品附加价值、优惠信息、服务质量等都没有囊括和阐述，甚至只是为了写文案而写文案，导致顾客对于图中文案并未产生兴趣或共鸣，也无兴趣、意愿点击图片，最终导致点击率低。

- 文案的过度堆积。有部分卖家十分清楚推广图的重要性，所以第一想法就是希望将针对产品或店铺的有利内容在推广图内集中体现，这样就导致了推广图上文案过度堆积，不但影响了产品主体图的摆放，也放弃了文案排版设计的层次感，更使消费者不清楚商家到底想表达什么内容。目前大部分的消费者都已经习惯在手机端购物，终端显示屏变小了，文字过多也会出现文案拥挤而看不清楚的情况，那么文案就起到了负面作用，从而最终导致推广图的点击率下降。

很多商家会把自己的想法和创意直接表达在文案中，这本身算是一种营销手段，并没有什么不妥，但若商家对想法和创意不进行创作，直接呈现在推广图中，消费者往往不能很好地理解商家要表达的含义，会出现文案不能吸引消费者的情况——这样的推广图点击率一般偏低。当发现推广图的文案出现这样的现象时，设计师就需要对推广图文案做二次创作，用消费者容易理解的语言去表述，让消费者在看到推广图瞬间就明白商家试图传递给消费者的信息。

消费者通常关注几个方面：有利可图、有实质需求、点到痛处。在对推广图的文案做二次创作时，要呈现消费者的收益、响应消费者的需求、触动消费者内心的欲望和痛处。这样做就很容易和消费者建立联系，随之而来的就是点击率的大幅提升。

信息爆炸的时代，消费者视野一直被各种各样的商业化广告或信息所充斥，大部分消费者对广告内容呈现出"免疫"的状态，如果商家的推广图商业文案内容过于空洞，很难引起消费者的兴趣。类似"劳动节大促""春游记""时尚新潮流"等等这样的广告文案就需要再细化，将能吸引消费者关注的内容做重点提炼呈现，从而提升整体推广图的点击率。

无论是哪一方面出了问题，在优化调整推广图文案时，商家都需要将这些内容做优化调整。

2）文案优化角度

- 主题信息优化。活动主题信息要表现得通俗易懂且具有较强的吸引力，同时，要与消费场景和消费意愿相契合。
- 活动内容呈现。活动内容呈现时，思考是否有其他的表现形式，可以将活动优惠力度呈现得更为突出。
- 商品及活动卖点。针对商品的描述部分，突出差异化的卖点、运用商品使用场景挖掘消费者的需求。描述活动时，无需非常细致，着重突出优惠力度最大的内容即可，活动详情可在店内陈述。

2. 图片中产品主体优化建议

产品主体是推广单品推广图中的核心，一旦产品本身价值体现不明确，对于单品推

轻松搞定店铺视觉

广的推广图来说点击率就会受到较大影响，一般反映在产品本身是否有市场，能被消费者所喜欢，另外就是主体图片的选择和摆放。

- 主体图片选择的角度和主体图片选择的颜色等不是很适合市场接受的就会导致点击率低；
- 主体图片选择和处理时是否清晰、是否突出了卖点及功能也会影响到点击率的高与低，这也是常说的图片质量；
- 主体摆放的位置及空间大小，针对不同的展现位置以及手机端和电脑端的终端显示大小是否方便消费者的浏览也直接影响到点击率。

3. 素材选择

在推广图设计中，素材的选择也会因为不能凸显产品本身、产品卖点、氛围以及产品与竞品的差异化导致点击率的高低变化。往往会出现以下三种情形：

- 素材选择的色调。选择素材时要考虑到素材本身色调是否会影响到凸显产品主体，商家在选择素材的时候往往都会根据产品主体图片的亮度进行对比，适合选择亮度差距较大的素材从而来凸显产品主体。
- 素材的内容。选择素材不宜选择内容过于丰富的，这样往往会使消费者在浏览到图片的时候把注意力放在素材上去，使得消费者不能清晰了解产品本身，商家需要时刻谨记的是销售的提升才是最终目的，所以素材的选择往往要选择较为简约的。
- 素材的图文对称。很多商家在制作推广图时，所选择的广告语与素材在意义和氛围上无法匹配，这也是很多设计师在设计过程中缺乏素材，又没有大量时间和渠道进行素材收集导致的。而对于消费者而言，往往是通过素材的视觉表现对店铺的推广图产生兴趣，才会将注意力集中在产品主体图和文案上，一旦选择的素材与实际广告想凸显的意义及氛围不匹配，消费者将会理解错误或者难以对推广图产生注意，这样也就容易失去消费者的点击，导致点击率低的情况出现。

4. 设计排版优化建议

图形设计是推广图重要的外在表现，消费者通过看到的推广图会对店铺的形象产生印象。越是精美且有营销卖点的推广图，越容易给消费者留下较好的印象。推广图恰到好处的表现甚至会影响到消费者对商品的认知，例如：正品、品质、高端、性价比等信息都是可以从推广图中映射出来的。

作为广告的核心视觉元素，主题图的精致度、美观度直接影响广告效果。图形设计不美观主要表现在这几个方面：

- 排版混乱，色彩搭配不和谐；
- 细节不够精致，粗枝大叶；

- 重点不突出，干扰元素过多。

对推广图内容元素做排版时，商家首先要确保重点突出，然后再对元素做对齐处理。整齐统一的排版会让消费者感觉严谨规范，也正因为这样，品牌感被简洁传递给消费者。要确保推广图中的元素错落有致，严谨统一。

推广图在色彩搭配处理时，通常通过同色系、相近色系的搭配去设定整张推广图的基本色调，再通过对比色、补色突出推广图的重点信息。当非彩色和彩色搭配时，彩色的元素会被着重突出，这也是突出重点的一个小技巧。色彩搭配和谐会让消费者感到舒适、愉快，从内心产生一种秩序感，起到平衡视觉的效果。而色彩搭配不和谐则会让人感觉混乱，甚至无法忍受。

由于各种各样的原因，很多设计师在处理推广图元素时会有瑕疵，这正是推广图不精致最大的原因。在天猫设计中，对齐素材相差1个像素都视为错误。

在推广图各种各样的问题当中，最大的问题莫过无重点、不突出，信息传达混乱。造成重点不突出的原因主要有4种：没有做元素大小或色彩的强调、素材排版混乱、推广图信息太多、干扰元素太多。重点信息是需要消费者在第一时间从推广图中获取的，因此在推广图设计制作过程中，商家需要避免过多的信息呈现。对主图信息表现和传递无关的元素要尽可能不用，以避免干扰到重要信息的传达。

6.3　店铺页面数据诊断及优化建议

大数据时代，一切客户的访问都留下了可跟踪的数据源，商家做分析诊断优化时最重要的就是要学会做好数据分析。

6.3.1　店铺首页、二级页的数据诊断

店铺首页及二级页是不存在订购按钮的，也就是说在这两个页面里无法产生交易，但是开店的最终目的就是产生交易，那么如何把首页和二级页的流量引导到详情页里从而使买家点击订购才是需要商家进行琢磨的。诚然，对于这两个页面，商家需要关注几个指标来进行切入分析，从而进行页面的优化。

1. PV（访问量）、UV（访客量）占比数据参考指标

一般20%为正常比例。

首页PV和UV占总流量的比例过高，说明什么问题？笔者曾经看过一个店铺，首页PV和UV占总流量的70%，说明老客户比较多，老客户一般比较习惯通过收藏直接访问

首页。然而现在店铺最大的问题是没有新客户，老客户也在慢慢流失！长时间没有新鲜血液的注入，会造成销售增长乏力。

在新客户引入正常的情况下，如果首页引入的UV占比较低会出现什么情况？比如5%~6%，一般80%的访客会直接进入单品页面，进入单品页面后有两种情况：一种是直接买了，另一种是跳失了。没有去首页，那说明整个店铺的路径很乱，也说明商家的活动不吸引人，客户没有去首页的欲望。所以说占比过高和过低都不是很好，20%左右是相对正常的。

2. 跳失率数据参考指标

一般50%以下为正常比例。

跳失率是指进入到该页面后没有任何动作选择了关闭页面，商家固然不希望买家在首页或者二级页上进行这样的操作，这个值当然是越低越好！如果高于50%的跳失率就说明至少有一半多的买家没有从这两个页面中找到感兴趣的内容，从而使之跳失。

3. 出店率数据参考指标

一般50%左右为正常比例。

出店率指从其他页面进入，从本页跳出，这个值也是越低越好！为了防止这个数据的增高，重点要考虑商家设计页面链接的同时考虑到两个页面之间跳转关联性。不应该为了防止客人的跳失，主观上随意地设计点击跳转其他页面，这样没有进行页面与页面之间关联的分析是盲目的，且很容易导致出店率的上升；另一方面也要考虑到是否有页面设置点击的触发点，要让买家清晰知道点击的下个页面是什么内容，是否感兴趣，防止因为买家的盲目点击从而推高出店率。在设计师进行上传发布页面的时候，在制作热点链接的过程中，要注意选择新建页面打开的方式并插入热点，不然也会成为导致买家出店的技术因素。

4. 首页到宝贝页、分类页的点击率数据参考指标

这个数据很关键，它直接反映出首页的推荐宝贝或推荐分类是否合理，是检查购物路径是否合理的重要指标。

- 首页到宝贝页的点击率。如果首页第一屏放的宝贝的点击率反而比下面那些宝贝的点击率低，则说明商家首屏推荐的宝贝顺序和客户想要的不一致！
- 首页到分类页的点击率。在整个店铺里面，哪些分类所对应的商品卖得比较好的，哪些是想要重点推的类目，应该突出显示，让它获取的点击率更高！

6.3.2　天猫店铺页面优化建议

商家首先需要根据后台数据来分析是PC端页面存在问题还是无线端页面存在问题。

一般在做数据收集的过程中都需要把终端数据分开，商家无线端数据与PC端数据正常情况应该比例是相同的，而目前有的商家陷入一个误区就是只关心无线端数据，无线端数据只要好，PC端数据就无所谓，这种做法也是不可取的，虽然无线端流量与成交量占比较大，但是PC端页面在业绩的占比上目前也不低，商家应该同时去关注两个终端的页面优化工作。另外就是页面优化看到一项数据较差的时候，需要再去关注相关的几项数据来分析原因，出诊断及优化方法时往往需要2～3项的数据支撑，出来的优化方案才是比较可靠的，常见的几种数据情形及优化方案如下。

1. PC端页面优化

首先商家需要明确一个基本数据诊断的方法，单纯看一项或者两项数据是无法制定出合理的优化方案的，一般是取得三个维度的数据来分析并进行优化的方案制定，这里笔者从"详情页跳出率、下单转化率、平均停留时长"三个维度列出几种情况及优化方向，商家可以按照这个思路尝试：

1）跳出率高、转化率高的优化建议

- 平均停留时间长：流量不精准，往往需要对推广引流环节进行分析，如引流的关键词设置是否合理或者是钻石展位选择的位置是否科学，然后对引流进入的用户群进行分析和判断，可以调整引流推广图来缓解跳出率高的问题。

- 平均停留时间短：一般商家需要增加针对会员老顾客的一些服务福利等内容，强化老顾客的购买力，再次提升转化率，同时对新顾客的体验内容进行增强，提升新顾客的成交信心，往往增加产品图片的数量、好评内容、销量氛围以及售后服务等内容可使新顾客更容易成交。

2）跳出率高、转化率低的优化建议

- 平均停留时间长：往往产生这种情况是因为卖点没吸引力、促进成交和建立信任的内容过少。这时商家需针对产品本身的差异化内容加大描述量，对于差异化的服务内容进行增加以及对于产品使用场景描述进行增加从而促使客人放心购买。

- 平均停留时间短：一般如果碰到这种问题的时候，往往是文案内容、框架逻辑以及视觉体验都出现了问题，建议重新梳理卖点框架逻辑、整改文案内容，重做页码。

3）跳出率低、转化率高的优化建议

- 平均停留时间长：这类页面数据表现不错，商家需要关注数据表现是否持续即可，无需做过多调整。

- 平均停留时间短：这类情况也属于优质的页面，说明卖点突出、描述简明扼要，往往这种数据情况出现在低客单价的店铺中，在有精力优化的情况下，建议考虑逐步提升定价再看数据表现，这样可以稳步提升产品销售的利润；另外

轻松搞定店铺视觉

也可以通过增加产品图片的数量和布局来尝试提升页面提留时间，最终达到转化率再提升的目的。

4）跳出率低、转化率低的优化建议

- 平均停留时间长：产生这种数据往往是因为卖点没吸引力、促进成交和建立信任的内容过少、引流不精准导致。那么商家此时需要从流量环节分析，研究引流进店的访客具备怎样的特征，重新提炼针对这类访客特征的核心卖点及服务要求，增强访客对于页面的兴趣度及购物信任程度从而提升转化率。

- 平均停留时间短：页面中产生这种数据指标情况有可能说明活动引导和关联营销设计得还算合理；也有可能是由于引流不精准导致转化率过低；另一方面也可能是因为关联及活动引导性太强导致。优化处理方法建议先减少关联营销的内容，再观察数据指标是否变好，如果还未变好甚至更差，那么就先把原来的关联营销及活动引导内容由放在详情页的上面改为放在详情页的下方，再看数据情况。一般来说，这样做之后转化率会有提升。假设转化率数据还是不尽如人意，那么就需要重新梳理单品描述的卖点逻辑、更换或是重新拍摄产品图片及使用场景的图片，再看数据指标的情况。

2. 无线端页面优化建议

无线端可单独呈现终端数据，视觉或美工岗位人员在工作中都应该针对基础的数据做到看得懂、会分析，对这些数据应该做到每天查看及分析。只需要安排一个人专门每天把数据统计出来，视觉负责人员要针对每天统计的数据进行分析及报表呈现，以便为视觉团队进一步配合运营提出优化建议。

1）无线端首页视觉诊断优化建议

可以从图片呈现位置、图片尺寸大小、图片美化三个维度依次查看。

如图6-20左图所示的经营分析、装修分析、首页页面模块点击效果分析。

图6-20　无线端首页数据分析

首页一定要按照模块填入，才能在后期看清楚各个模块的数据情况。如果出现如图6-20右图所示的情况（大图的点击数据430，而两个小图点击数据都高过大图，分别为733和521），这说明大图不受消费者的欢迎。建议把点击次数在733的图放到原本点击次数最低（136～119）的大图的位置，观察位置调整之后的点击数据有没有上升，再根据数据反馈做后续的优化调整。

2）页面加载时间的诊断优化

页面加载时间的核心问题是图片压缩率问题。商家可以使用商品温度计的功能来监测页面加载时间的数据状况。这是设计或美工团队要重点关注的部分，每一次设计完的详情发布之后，需要观察增加店铺页面的商品温度计数据是否和行业水平一致。如果呈现出超过行业平均标准，则说明商家的图片制作过大，或者图片内容过多。

如果图片内容过多或过大，建议商家可以将图片大小进行压缩，方式是在PS工具中把图片导出存储为Web所用格式，把品质数值降下来进行压缩。一般来说建议的压缩品质数值为：在PC端为75%，移动端为60%。这样输出的图片大小会在250KB左右，在加载显示上是合格的。

3）页面跳失率优化

如果页面的跳失率数据不断升高，往往是商品详情页出了问题。这时商家先不要急于去调整和修改详情页，而是应该先去分析找出发生这种情况的原因。

首先需要从竞争对手的行为上进行分析：比如竞争对手当下是否在加大推广力度，是否有针对性地对你的商品做了竞争策略，同时还需要研究竞争对手的流量来源渠道有哪些等等。总之，要把各种可能性逐一排查，找出真正影响跳失率的原因。

在整个排查过程中建议先调整店铺内的关联商品，以优化导购路径。比如，增加分类引导或者是增加产品和产品之间的关联推荐，使浏览路径延长，减少流量的损失。待最终原因分析完成后，再有针对性地进行调整。

　　所有的页面数据反馈都绝不是单一的视觉问题，需要结合产品本身、价格、活动以及流量精准性等多方面的因素来衡量考核。